Klaus Hartmann

# Innere Motive im Lebensgang Rudolf Steiners



Verlag am Goetheanum

Der Verlag Goetheanum im Internet: www.VamG.ch

Einbandgestaltung (unter Verwendung von zwei Skizzen von Beppo Assenza©) von Marc Dimmig


Satz: Höpcke, Hamburg
Druck und Bindung: Freiburger Graphische Betriebe

ISBN 3-7235-1204-6

Klaus Hartmann

# Innere Motive im Lebensgang Rudolf Steiners

*Peter Bütow gewidmet*

# INHALT

# VORWORT

Rudolf Steiners Autobiographie «Mein Lebensgang» vermittelt dem Leser nicht nur eine Fülle von Informationen, sie regt durch kunstvolle Gestaltung auch zu meditativer Vertiefung durch seelische Beobachtung an. Sie gehört damit, wie fast alle Schriften und Vorträge Rudolf Steiners, in die Reihe der Schulungswerke – besonders derjenigen, die, da sie bisher noch wenig erschlossen sind, ungehobenen Schätzen gleichen.

Dass gerade «Mein Lebensgang» einem starken Bedürfnis unserer Zeit entgegenkommt, zeigt sich zum Beispiel an dem zunehmenden Interesse für alles Biographische und Soziale. Innerhalb der Anthroposophischen Gesellschaft tritt die Frage nach dem persönlichen Verhältnis zu Rudolf Steiner immer stärker ins Bewusstsein.

Schon ein anfängliches Studium des Buches lässt erkennen, dass hier ein Verständnis der Lebensereignisse nicht, wie gewöhnlich, vom Leser hinzugefügt werden muss, da es dem Autor selbst schon gegenwärtig ist. Darüber hinaus überrascht auch die große Anzahl von Menschen, die von Rudolf Steiner namentlich erwähnt und in ihrer typischen Eigenart beschrieben werden. Der eigentliche Gehalt dieser für unsere Zeit so bedeutsamen Aufgaben der Schicksalserkenntnis und des sozialen Handelns eröffnet sich aber erst einem intensiven Forschungsbemühen.

Klaus Hartmann geht seit vielen Jahren forschend mit «Mein Lebensgang» um, wobei sich ihm zunächst einige Keimpunkte ergeben hatten, die sich im Laufe der Zeit weiter entfalteten und miteinander verbanden, bis schließlich ein Ganzes daraus entstand. Diese Keimpunkte sind in der Gesamtdarstellung erhalten geblieben und wirken besonders anregend auf den Mitvollzug.

Die jetzt von ihm vorgelegte Abhandlung kann deshalb Orientierung und Anregung bei der lebensvollen Erschließung von «Mein Lebensgang» geben und möge den Freunden Rudolf Steiners eine Einladung zu dem Menschen sein, der nicht verehrt, sondern verstanden werden will.

*Horst Grineisen*

# VORBEMERKUNG DES VERFASSERS

Die vorliegende Studie verdankt ihre Anregung einer wiederholten Frage von Peter Bütow nach dem Wesen Rudolf Steiners. 1985 stellte der Verfasser seine noch ganz anfänglichen Bemühungen, das Kindheitskapitel des Buches «Mein Lebensgang» betreffend, auf der von Herbert Witzenmann geleiteten Tagung «Beiträge zur Weltlage» dar. Dem Rat eines damals Beteiligten folgend, hat er im Jahr 2002 das Thema noch einmal als Vortrag aufgegriffen und damit begonnen, das seither an Einsichten Hinzugekommene in Aufsätzen für die Zeitschrift «Beiträge zur Weltlage» darzustellen. Aus dieser Arbeit, die zwischenzeitlich Anregung durch eine Arbeitszusammenkunft im Arbeitszentrum Frankfurt erhielt, ist so im Lauf des Jahres 2003 die Grundlage für eine kurze buchförmige Darstellung der Gedanken entstanden.

Wenn dies jetzt einem größeren Kreis anthroposophisch interessierter Leser zugänglich gemacht wird, bittet der Verfasser um Verständnis für das noch auf weite Strecken Rohbauartige seiner Ausführungen. Es wird hoffentlich Anlaß geben, zu diesem herrlich geheimnisvollen, aufschlußreichen und unerschöpflichen Werk Rudolf Steiners zurückzukehren, und durch ein Einleben weitere Entdeckungen darin zu veranlassen.

Die mit der Studie zu belegen gesuchte These von der Nicht-Alleingültigkeit der aristotelisch-thomistischen Inkarnationsreihe Rudolf Steiners beruht auf Eindrücken gegenüber zahlreichen seiner Vortragszyklen. Es war dem Verfasser aber wichtig, vor anderem an einer veröffentlichten Schrift Rudolf Steiners diesen Eindruck bestätigen zu können.

Am Zustandekommen dieser Schrift haben mitgewirkt durch seine Anregung Horst Grineisen, durch tiefer schürfende Kritik, Verbesserungsvorschläge, Korrekturlesen und wiederholte Ermunterungen Rosemarie Rist-Engelmann, welche die Endredaktion für den Zeitschriftenabdruck übernahm, Yves Hellmuth, mein Kamp-Lintforter Arbeitskollege im Novalis Hochschulverein, Barbara Messmer und die anthroposophischen Freunde aus Frankfurt durch ihre Anregungen sowie Käthe Mitzenheim, meine langjährige Freundin und Kollegin. – All diesen Freunden sei der herzlichste Dank gesagt für ihre Aufmunterungen und die innere Beteiligung an diesem uns alle angehenden Forschungsgegenstand.

Meinem ehemaligen Lehrer Peter Bütow, den nach seiner Lehrtätigkeit schwere Schicksalsschläge trafen, sei zum Dank für seine damalige Anregung diese kleine Schrift gewidmet.

Kamp-Lintfort, den 18. Januar 2004 *Klaus Hartmann*

# I.
# WENN KINDHEIT SICH IM ALTER SPIEGELT

Dinge der Kindheit, Ereignisse und Umstände des Heranwachsens haben oft eigentümliche Gestalt und prophetische Ausstrahlung. Wir finden sie in den Schicksalen und Geschehnissen des späteren Lebens wieder, auch scheinen sie selbst verhüllte Wiederholungen zu sein. Die Enträtselung der eigenen Biographie beginnt vielleicht mit dem Erstaunen über die Gestaltreihe der ersten Erlebnisse. Und indem sich Schicht um Schicht die späteren Horizonte darüber breiten, gewinnt allmählich das Früheste Tiefengrund und Zusammenhang seiner Details.

Einer Entwicklung der Motive besonderer Art, der Geburt, der Kinderlandschaft, der Eigentümlichkeiten, Ereignisse und der Erlebnisart begegnet man im Leben Rudolf Steiners in seiner Autobiographie «Mein Lebensgang»[1]. Rudolf Steiner beginnt 1923 sein Leben in Beiträgen für die Zeitschrift *Das Goetheanum* zu erzählen, und er setzt dies während seines Krankenlagers bis hin zu seinem Tod fort. Dabei lässt er den Leser an seiner durch die Schauplätze des Werdens geprägten Entwicklung teilnehmen. Was er aus seiner Selbsterkundung berichtet, ist Auswahl, das Mitteilenswerte unter seinem gewählten Gesichtspunkt, der sich fortschreitend enthüllt. Was man an Biographien über Rudolf Steiner kennt, ist nicht in gleicher Weise geeignet, seine Selbsterkenntnis zu vermitteln, auch wenn die Darstellungen von Emil Bock, Johannes Hemleben, Christoph Lindenberg und anderen ihre Verdienste haben.
*«Ein Stoff, der außerhalb des Denkens liegenbleibt, über den bloß nachgedacht wird, war mir ein unerträglicher Gedanke»* sagt Rudolf Steiner: *«Was in den Dingen ist, das muss in die Gedanken des Menschen herein.»* (L, 24) Für die Ereignisse des Lebens, die zufällig und unzusammenhängend zunächst erscheinen, wird dieses Ideal erst schrittweise erreicht. Maßgebend für die Erkenntnis des Lebens Rudolf Steiners sei daher, was er selbst erzählt. *Seine* Anordnung der mitgeteilten Einzelheiten gibt die Fingerzeige, um in der Fülle des Mitgeteilten eine Übersicht zu gewinnen.

Da zuletzt sein autobiographischer Bericht abbricht und wir kaum genug über die anthroposophische Phase seines Lebens erfahren, ordnen wir das davon Bekannte der Reihe der ersten Begebenheiten zu. Rudolf Steiner hat (ohne es vielleicht selbst zu wissen) sein Erdenleben fast ganz überschaut, als er seine Mitteilung begann. Achten wir also darauf, was ihm aus der Fülle wichtig war, dass er es in die Fassung seines Lebensberichtes für die Mitglieder der Gesellschaft aufnahm.

Carl Unger, dessen Worte in der von Marie Steiner herausgegebenen Ausgabe von Rudolf Steiners Buch «Mein Lebensgang» vorangestellt sind, findet in dessen Leben nicht die typischen Stationen eines Eingeweihten-Lebens (wie es das Buch «Das Christentum als mystische Tatsache» für die Menschheitsführer festhält), und betont: «Wer über den Lebensgang Rudolf Steiners nachsinnt, wird darin keine typische Wiederholung alten kosmischen Geschehens finden, sondern das aus Menschentum erkämpfte Vorbild eines zukünftigen Menschheitsganges. Nicht mythisch kann dieser Lebensgang aufgefaßt werden, sondern apokalyptisch.»[2]

Es wird sich im Folgenden ergeben, worauf dieser Hinweis deutet, und ob man ihm in entscheidender Hinsicht folgen kann.

Wir wollen in diesem ersten Kapitel der Darstellung die Überschau des Lebensweges Rudolf Steiners bis zu seinem 11./12. Jahr betrachten und sie mit den Ereignissen seiner zweiten Lebenshälfte in Beziehung setzen. Der sich daraus ergebende Umriss seiner Geistgestalt wird in den weiteren Lebensberichten dann immer deutlichere Kontur gewinnen. Die Begründung der Allgemeinen Anthroposophischen Gesellschaft und die Stiftung eines modernen Mysterienwesens empfangen dadurch ein überraschendes Licht.

Bevor man an die eigentliche Erzählung herantreten kann, muss man den Hinweis Rudolf Steiners zum Motiv seines Berichtes kennenlernen. Denn es lag, wie er betont, nicht in seinen Neigungen, sich über Persönliches zu äußern. *«Es war stets mein Bestreben, das, was ich zu sagen hatte und was ich tun zu sollen glaubte, so zu gestalten, wie es die Dinge, nicht das Persönliche, forderten.»* Doch schien es seinen Freunden hilfreich, von ihm selbst eine Darstellung seines Lebensgangs zu haben, da Verschiedenes, seine geistige Entwicklung und besonders deren behauptete Wandlungen Betreffendes geäußert worden war. So gab er denn eine Darstellung des Persönlichen, wie es diese Dinge forderten, also nicht in subjektiver Art.

Wenn im Folgenden der Versuch unternommen wird, den zunächst tiefer liegenden Gewichtungen seiner Erzählung zu lauschen, also von der offen zutage liegenden Erzählebene seiner Biographie auf eine verborgene zu schauen, dann wird es hilfreich sein, sich diesen ernsten Hinweis gegenwärtig zu halten.

## 1. Abstammung und Lebensende

Zu jedem Lebenslauf gehört die Abstammung, Angaben über Vater und Mutter, Ort und Zeit der Geburt. (Nicht jeder Mensch ist dazu in der Lage. Waisen oder adoptierte Jugendliche kennen oft nicht ihre leiblichen Eltern und Vorfahren, wissen nicht, woher und von wem sie abstammen. Nicht selten kennen Menschen nichts von ihrer Herkunft, wenn sie z. B. in der «Babyklappe» eines Krankenhauses abgelegt wurden.)

Poetisch mutet an, was der «Lebensgang» in seinem ersten Kapitel erzählt: von den Eltern, die in Niederösterreich, der Vater in Geras, die Mutter in Horn (beide im Waldviertel nordwestlich von Wien) ihre Heimat hatten. Der Vater arbeitete im Jagddienst und später als Telegraphist bei der Südbahn. In der Zeit der Verheiratung wurde er nach Kraljevec an der ungarisch-kroatischen Grenze versetzt.

*«In Kraljevec bin ich am 27. Februar 1861 geboren. – So ist es gekommen, dass mein Geburtsort weit abliegt von der Erdgegend, aus der ich stamme.»* (L, 2)

Ist die Abstammung nicht mit der Gegend der Geburt und mit den Eltern gleichzusetzen? Offenbar nicht. Rudolf Steiner scheint es wichtig, dass er in einer ihm fremden Umgebung zur Welt kam. Im späteren Leben kann man dies vielleicht nachempfinden in dem Heimweh, das man gelegentlich nach der Gegend, wo man aufgewachsen ist, und ihren Menschen hat und dem Wohltuenden, das ein Besuch gewährt. Rudolf Steiner bleibt als Kind 1 1/2 Jahre in Kraljevec, und nach einem Zwischenaufenthalt in Mödling bei Wien verlebt er die bewusste frühe Kindheit in Pottschach, wohin sein Vater versetzt wird.

Schauen wir nun zum Ende dieses Lebens. Etwas weniger als ein und ein halbes Jahr vor seinem Tod gründet Rudolf Steiner anlässlich der

Weihnachtstagung 1923/24 mit anwesenden Anthroposophen die Allgemeine Anthroposophische Gesellschaft in Dornach. Im September 1924 wird er krank und muss fortan in seinem Atelierraum liegen und von seiner ärztlichen Freundin Ita Wegman betreut werden, während seine Frau Marie Steiner die für die Ausbreitung der anthroposophischen Bewegung und Gesellschaft, der Eurythmie und der Sprachgestaltung nötigen Reisen macht.

Albert Steffen, der Schweizer Dichter und Anthroposoph, berichtet aus dieser Zeit: «Um fünf Uhr abends durfte ich ihn jeweilen in seinem Atelier, wo er auf das Krankenlager gebettet war, besuchen. Es ist dies ein hoher Raum mit Oberlicht. Nichts von der Erde schaut herein, kein Baum, kein Berg, kein Haus, nur das Licht des Himmels. Auf den Simsen stehen plastische und architektonische Modelle, von seiner eigenen Hand geschaffen, einige selbst geformte Büsten; zu Füßen seines Krankenlager ragt die selbstgemeisselte, hehre Christusstatue hoch empor.» [3]

Rudolf Steiner nannte die Statue selbst zwar auch manchmal den Christus, wollte aber, dass man etwas anderes daran hervorhebe, und nannte sie den «Menschheitsrepräsentanten». Es ist das Menschliche in höchster Ausprägung, etwas dem Menschen Erreichbares, was er unter der Mithilfe von Edith Maryon gestaltet hatte und in einer Ansprache *«allgeistiges, verinnerlichtes Menschentum»* (21. 10. 1917) nannte, was deutlich auch in die Namensgebung der Allgemeinen Anthroposophischen Gesellschaft hineinspielt.

Die Orientierung des Kranken und Sterbenden auf das Allgemein-Menschliche, nachdem er sich mit der Allgemeinen Anthroposophischen Gesellschaft durch das Amt des Vorsitzenden verbunden hatte, entspricht dem schicksalhaften Geboren-Werden in eine Gegend hinein, aus der er nicht stammte, wo er aber anderthalb Jahre aufwuchs. Dabei war es offenbar sein Schicksal, durch die stärkere Individuation und das Heraustreten aus den gruppenseelenhaften Hüllen der Abstammung an ein über das Volk Hinausgehendes, allgemein Menschliches anzuknüpfen. Aus dem Licht geboren in ein Allgemein-Menschliches ist der Anfang dieses Lebens. Die Begründung einer dieses Allgemeine im Namen führenden Gesellschaft, Krankenlager und Tod nur mit dem Licht eines Hochfensters sind dazu die Entsprechung. *«Die im Goethe-*

*anum gepflegte Anthroposophie führt zu Ergebnissen, die jedem Menschen ohne Unterschied der Nation, des Standes, der Religion als Anregung für das geistige Leben dienen können»* sagt § 3 der Gründungsstatuten der Allgemeinen Anthroposophischen Gesellschaft.

## 2. «Eine wundervolle Landschaft umschloss meine Kindheit» – Dornach am Lebensende

Rudolf Steiner blickt auf die Landschaft seiner Kindheit, indem er ihre eigentümliche Ganzheit beschreibt. Vom Erhabenen der Berggipfel sucht er die Sonnenstrahlen auf und steigt über die Natur zum menschlichen Umkreis herab. Der Blick geht dann hinunter zu dem, was unter der Natur ist, dem Mechanismus der Eisenbahn, um sich wieder zur Mitte, dem Herzensanteil an der Natur und dem Erlebnis eines besonderen Menschen, zu erheben. Hier hat er vom 2. bis zum 8. Jahr gelebt, hier das Hohe und das Elementare der Natur und des menschlichen Daseins erfahren.

*«Eine wundervolle Landschaft umschloss meine Kindheit. Der Anblick ging auf die Berge, die Niederösterreich mit Steiermark verbinden: Der ‹Schneeberg›, Wechsel, die Raxalpe, der Semmering. Der Schneeberg fing mit seinem nach oben hin kahlen Gestein die Sonnenstrahlen auf, und was diese verkündeten, wenn sie vom Berge nach dem kleinen Bahnhof strahlten, das war an schönen Sommertagen der erste Morgengruß. Der graue Rücken des ‹Wechsel› bildete dazu einen ernst stimmenden Kontrast. Das Grün, das von überall her in dieser Landschaft freundlich lächelte, ließ die Berge gleichsam aus sich hervorsteigen. Man hatte in der Ferne des Umkreises die Majestät der Gipfel, und in der unmittelbaren Umgebung die Anmut der Natur.*

*Auf dem kleinen Bahnhof aber vereinigte sich alles Interesse auf den Eisenbahnbetrieb. Es verkehrten zwar damals in dieser Gegend die Züge nur in größeren Zeitabständen; aber wenn sie kamen, waren zumeist eine Anzahl von Menschen des Dorfes, die Zeit hatten, am Bahnhof versammelt, um Abwechslung in das Leben zu bringen, das ihnen sonst anscheinend eintönig vorkam. Der Schullehrer, der Pfarrer, der Rechnungsführer des Gutshofes, oft der Bürgermeister erschienen da.*

*Ich glaube, dass es für mein Leben bedeutsam war, in einer solchen Um-*

*gebung die Kindheit verlebt zu haben. Denn meine Interessen wurden stark in das Mechanische dieses Daseins hineingezogen. Und ich weiß, wie dieses Interesse den Herzensanteil in der kindlichen Seele immer wieder verdunkeln wollte, der nach der anmutigen und zugleich großzügigen Natur hin ging, in die hinein in der Ferne diese dem Mechanismus unterworfenen Eisenbahnzüge doch jedesmal verschwanden.»* (L, 3)

Die Erwachsenen in diesem Bild der Landschaft sind, wie wir Heutige auch oft, nur auf das Nächstliegende konzentriert. Das unverbildete Kind erlebt aber die alles überragende Bedeutung der Sonne, des Lichtes für den Menschen, wie es umgekehrt die Verfinsterung im Lichtundurchlässigen, im Mechanismus und der Unternatur empfindet. Der junge Rudolf Steiner hat in seinem kindlichen Bewusstsein bereits das Gespür, wie der Mensch zwischen Licht und Finsternis sein Gleichgewicht finden muss. Der Mechanismus der Gegenwartszivilisation, Eisenbahn, Telegraphie, Elektrizität usw., beschäftigen ihn durch die Schulzeit und das Studium. Diese Kräfte, die der Mensch aus dem Stoff gewinnt und entbindet, bilden einen Gegensatz zu den übrigen Naturkräften und der alles weckenden Kraft der Sonne, des Lichtes.

In Rudolf Steiners Kindergebeten und Gedichten finden wir diesen umfassenden Zug der Landschaft seiner Kindheit wieder.

Der Gegensatz, in dem der Menschheitsrepräsentant auftritt, in den der heutige Mensch hineingestellt ist und sich bewähren muss, ist das Luziferische und Ahrimanische, sind die beiden Wahnarten der Schwärmerei und Philisterei, die nach Novalis von der Wahrheit leben, während diese ihr Leben in sich hat.

Der Menschheitsrepräsentant und die Gruppe, die das plastische Kunstwerk Rudolf Steiners bilden, an dem er von 1912 an gearbeitet hat und das zu Füßen seines Totenbettes aufragte, ist der ins Menschliche umgesetzte Auftrag seiner Kinderlandschaft.

Selbstverständlich kann man nicht auf alle Züge dieses umfangreichen Kapitels eingehen, die Rudolf Steiner versammelt hat. Aber ein Hinweis ist noch wichtig, der das Vorangehende ergänzt. Denn nach dieser eindrucksvollen Beschreibung der Kinderlandschaft fährt er fort: *«In all das hinein spielte der Eindruck von einer Persönlichkeit, die von einer großen Originalität war: die des Pfarrers von St. Valentin.»* (L, 3) Dieser Satz gibt dem Ganzen der Schilderung einen starken Akzent. Denn der dabei geschilderte Mensch bildet gleichsam das Pendant der Umgebung, er ist so etwas wie die Lösung des mit der erhabenen und schönen Naturumgebung aufgegebenen Problems. – Jeder von uns kennt aus seiner Kindheit solche für die eigene Biographie wichtige Persönlichkeiten, die uns zubestimmt scheinen. Doch hat dieser Mensch durch die Betonung und sein fast tägliches Auftreten und die Freundschaft zur Familie etwas Rätselhaftes, den Geist dieses Lebens Verkündendes. Zugleich ist er für den Jungen als «ein Mann des praktischen Lebens» – man denke an die Geschichte mit den Akazienblüten – Vorbild.

Der Ort der frühen, bewussten Kindheit, der ihn mit dem Gegensatz von Licht und Finsternis umgibt, in dem er sich selbst finden muss; der Pfarrer, der wie ein moderner Simeon das Besondere dieses Hauses, in dem ein Menschheitslehrer heranwächst, wenigstens im Empfinden erfasst, dies sind Motive, die zu den erstgenannten durchaus gehören, der zarathustrische Gegensatz von Licht und Finsternis und das neutestamentliche Motiv eines Simeon, hier eines weltzugewandten Geistlichen, der sich mit dem Leben dieser Familie verbindet.

## 3. «Eine sonderbare Eigenart hatte ich als ganz kleiner Junge»

Bei der merkwürdigen Eigenart des kleinen Kindes, das Essgeschirr nach seinem Gebrauch auf den Boden zu werfen, da es meinte, dies sei nur zu einmaligem Gebrauch, wird es uns schwer, die dem Stoff innewohnende Form zu entdecken. Scheint Rudolf Steiner dies ja selbst nicht zu können. Aber er weist zugleich den Weg, indem er die Frage nach dieser Eigenschaft präzisiert. Da er mit seinem Spielzeug pfleglich umgeht, kann es kein Zerstörungswille sein. So staunt man über manches, das man bei ganz kleinen Kindern sieht. Offenbar ist das Leben in der Welt, aus der sie kommen, ganz anderer Art als das, in welches sie mit der Geburt eintreten. Es scheint diese Eigenart Rudolf Steiners wie eine himmlische Geste, wie ein nachwirkendes Bewusstsein himmlischer Speisung, das hierin Ausdruck findet. – In diesem Bild muss man sich allerdings auch die Mutter ausmalen, die bei den beschränkten Mitteln sicher zu verhindern suchte, dass ihr Hausrat in Brüche ging, auch wenn sie der merkwürdigen Eigenart wohl nachsann. Diese moderne Ikonographie des Kindseins, die Rudolf Steiner mit dieser Eigenart anzeigt, – die Mutter, die auf den Kleinen immer aufpassen musste, wenn das Essen dem Ende zuging – zeigt keine schlagende Mutter wie die Madonna von Max Ernst, sondern ein die Nähe des Übersinnlichen andeutendes Bild.

Die Entsprechungen dazu sind umgekehrter Art. Während die Mutter das Kind mit den Verhältnissen und Regeln der sinnlichen Welt vertraut machen muss, in die es sich hineinleben will, muss Rudolf Steiner die um Aufnahme in die Freie Hochschule ersuchenden Menschen behutsam, aber unnachgiebig in das strenge Regular der geistigen Welt mit ihren Gesetzen einführen, damit sie nicht Schaden nehmen. Die «sonderbare Eigenart», dass ständig aufgepasst werden musste, bildete den Anfang der zweiten Erzählung in der Wochenschrift «Das Goetheanum» und hat von daher Gewicht. Sie zeigt den Übergang von der geistigen Welt in die sinnliche und lässt daran die Schwierigkeit des Umgekehrten ermessen.

## 4. «Etwas ganz Schreckliches» – die Gegner der anthroposophischen Entfaltung

Von den ersten unglückseligen Schulerfahrungen, der Unterrichtung durch den Vater, dem Nachahmen und dem Sinn für Erkenntnis der Naturvorgänge, der auf erste Grenzen der Erkenntnis stößt, erzählt das Folgende. Die vorher erwähnte Eigenart zeigt deutlich, wie das kleine Kind noch ganz in geistigen Bezügen lebt und dem Äußeren eine andere Schätzung entgegenbringt, als die Erwachsenen dies tun. Diese Innerlichkeit verbunden mit dem größten Weltinteresse darf nicht gekränkt, schon gar nicht erschreckt werden. Schreck lähmt, fährt in die Glieder.

Hier erzählt Rudolf Steiner von der falschen Anschuldigung in der Dorfschule. Der Bub der Lehrersleute ist ein Schlingel. Er hat um alle Tintenfässer mit einem Span Kleckse gemacht. Der Lehrer, dessen eigener Vater, tobt. *«Ich war überzeugt, er würde sogar ‹brüllen›, wenn er nicht ständig heiser gewesen wäre.»* (L, 5) Durch die «Frau Oberlehrerin» wird zuletzt sogar Rudolf Steiner beschuldigt, obwohl dem eigenen Vater dämmert, wer für das Angerichtete verantwortlich ist.

Falsch und ungerecht beschuldigt zu werden ist nachfühlbar viel schlimmer für Kinder, als es uns oft scheint. Ihr moralischer Sinn ist empört, ebenso über die Tobsucht wie über die Falschheit und Verlogenheit. Der Vater nahm seinen Sohn aus der Dorfschule und unterrichtete ihn selbst. Er ist ein gutmütiger Mann, bei ihm lernt der Knabe in entspannter Atmosphäre.

Die Verletzungsabsichten, ungerechtfertigten Angriffe und Verleumdungen, welche früh das Kindergemüt berühren, sind auch ein großes Thema des letzten Lebensabschnitts. Was schon von den ehemaligen Freunden der Theosophischen Gesellschaft, (z. B. Annie Besant) in die Welt gesetzt wird, ungerechte Attacken gegen sein Werk, sogar von Gelehrten, die es besser wissen müssten (z. B. der Thomas von Aquino-Forscher Pater Alois Mager) und zuletzt eine umfassende Kampagne der «Gegner», erforderten den Schutz der Freunde, wie ihn sein Vater einst vor dem ungeeigneten Lehrer der Schule schützte.

## 5. «Etwas ganz Erschütterndes» – der Brandverlust

Im Unterschied zum Schrecklichen erfasst das Erschütternde den Boden, auf dem man steht, es verunsichert anders als die Angriffe auf die Innerlichkeit.

*«Einmal gab es auf der Bahnstation etwas ganz ‹Erschütterndes›. Ein Eisenbahnzug mit Frachtgütern sauste heran. Mein Vater sah ihm entgegen. Ein hinterer Wagen stand in Flammen. Das Zugpersonal hatte nichts davon bemerkt. Der Zug kam bis zu unserer Station brennend heran. Alles, was sich da abspielte, machte einen tiefen Eindruck auf mich.»*

Rudolf Steiner hatte am 9. Dezember 1923 die Arbeit an seinem Buch begonnen und diese Begebenheit am 16. Dezember 1923 erzählt. Fast ein Jahr zuvor, in der Silvesternacht 1922/23, war das erste Goetheanum einem Brandanschlag von Gegnern der Anthroposophie zum Opfer gefallen. Der herrliche Bau, dessen Grundstein 1913 gelegt wurde und der schon bald (1914/15) hätte fertig sein sollen, wurde durch den Ausbruch des 1. Weltkrieges verzögert. Während der Kriegsjahre wurde er unter der Mithilfe von jungen Menschen (auch von am Krieg in entgegengesetzten Lagern beteiligten) errichtet und künstlerisch gestaltet.

Es war ein Holzbau. Der Verlust für die Gesellschaft und die Erschütterung der an seiner Errichtung Beteiligten war ungeheuer. Doch obwohl Rudolf Steiner nur noch wenig mehr als zwei Jahre zu leben hatte, formte er das Modell des zweiten Goetheanumbaues, der nunmehr ganz in Beton aufgeführt werden sollte. Dieses Werk, dessen Errichtung die Mitglieder, der Vorstand und besonders Guenther Wachsmuth nach dem Tod Rudolf Steiners betrieben und das noch vor dem zweiten Weltkrieg (1928/29) fertiggestellt werden konnte, ist wie die Gruppe des Menschheitsrepräsentanten das zweite, nach außen eine Hülle bildende Gegengeschenk Rudolf Steiners für die herrliche Naturumgebung seiner Kindheit. Es steht in schöner Landschaft, am Fuß des Schweizer Jura, geht in seiner Geometrie, Architektur und Plastik auf früheste Anregungen durch die Geometrie zurück und akzentuiert anstelle des sich im Menschenwesen ausdrückenden Mysterienwissens des ersten Baues das Todesmotiv, das durch den Verlust und die Geschicke der Gesellschaft zu einer Metamorphose der «Schädelstätte» geworden war.

## 6. Das Leben in Neudörfl – die Wissensart des Übersinnlichen und die freie Hochschule

Eine Menge eindrucksvoller Bildelemente enthält auch die Schilderung des Lebens in Neudörfl am Grenzfluss Leitha, vom 8. bis ins 11. Lebensjahr. In Neudörfl sind die Berge der frühen Kindheit schon in die Ferne gerückt. Es ist eine Landschaft, in der der Bewegungsdrang des Knaben immer weitere Kreise ziehen kann. Er spaziert zur Rosalienkapelle, sammelt Beeren, und die Leute vertrauen dem «Steiner-Rudolf» alles Mögliche an. Er holt aus Sauerbrunn, einer Quelle in der Nähe, wohlschmeckendes Wasser und begegnet gegen Wiener Neustadt den Mönchen eines Klosters *(«im Zusammenhange mit den Aufgaben dieser Mönche müssen wichtige Dinge sein, die ich kennen lernen müsse»)*.

Zu den Eindrücken dieser Zeit gehört auch der Graf Chambord mit seinem Gefolge. *«Alles an diesen Menschen zog meine Aufmerksamkeit an. Besonders tiefen Eindruck machte ein Mann des gräflichen Gefolges. Er hatte nur ein Ohr. Das andere war glatt hinweggehauen.»* Rudolf Steiners Hinweis darauf lautet: *«Ich erfuhr an diesem Anblick zum erstenmal, was ein Duell ist. Denn der Mann hatte das eine Ohr bei einem solchen eingebüsst.»* (L, 9)

Hinter dieser Auskunft klingt die Erinnerung an die Geschichte des Petrus, der einem der Gefolgsleute der Hohepriester, die Jesus festnehmen wollten, ein Ohr abschlägt. Petrus ist es aber auch, der auf die Frage des Christus-Jesus: «Aber wovon glaubt ihr, dass die Dinge herkommen?» sagt: «Sie kommen davon her, dass Du der Christus bist.» Man denkt unwillkürlich an die schicksalsgemäße Umkehrung, die entscheidende Frage, die Marie von Sivers stellt, ob Rudolf Steiner nicht auch eine esoterische Bewegung in Europa inaugurieren könne, und die spätere petrusgleiche Treue der Marie von Sivers, seiner engsten Weggefährtin, zu der inaugurierten Bewegung.

Aber nicht nur die Menschen seines frühen Umkreises wurden ihm Anlass zum Sinnen, er fand auch in dieser Zeit inhaltlich deutlicher die Anknüpfung an seine spätere Lebensaufgabe, die Erforschung der geistigen Welt.

So erzählt er von dem Hilfslehrer, dem er viel zu verdanken hat, besonders da er durch ihn einen Zugang zur Geometrie erhielt.

*«Dass man seelisch in der Ausbildung rein innerlich angeschauter Formen leben könne, ohne Eindrücke der äußeren Sinne, das gereichte mir zur höchsten Befriedigung. ... In meinem Verhältnis zur Geometrie muss ich das erste Aufkeimen einer Anschauung sehen, die sich allmählich bei mir entwickelt hat. Sie lebte schon mehr oder weniger unbewusst in mir während der Kindheit und nahm um das zwanzigste Lebensjahr herum eine bestimmte, vollbewusste Gestalt an. Ich sagte mir: die Gegenstände und Vorgänge, welche die Sinne wahrnehmen, sind im Raume. Aber ebenso, wie dieser Raum außer dem Menschen ist, so befindet sich im Innern eine Art Seelenraum, der der Schauplatz geistiger Wesenheiten und Vorgänge ist. ... Als ein Wissen, das scheinbar von dem Menschen selbst erzeugt wird, das aber trotzdem eine von ihm ganz unabhängige Bedeutung hat, erschien mir die Geometrie. Ich sagte mir als Kind natürlich nicht deutlich, aber ich fühlte, so wie Geometrie muss man das Wissen von der geistigen Welt in sich tragen.»* (L, 10, 11)

Später wurden daraus seine Anregungen des Erkenntnisweges: «*Die Philosophie der Freiheit*», «*Wie erlangt man Erkenntnisse der höheren Welten?*» (1904–1908), *der Pfad der Erkenntnis* in der «*Theosophie*» (1904),

«*Die Erkenntnis der höheren Welten*» (in der 1909 erschienenen «*Geheimwissenschaft im Umriss*»), «*Ein Weg zur Selbsterkenntnis*» (1912), und die *Esoterische Schule* bis zur Einrichtung der Freien Hochschule für Geisteswissenschaft 1924.

Zu diesem Bereich gehört auch die Fähigkeit, verstorbene Menschen auf ihrem Weg in die geistige Welt weiter zu begleiten, wie dies dann zum Beispiel in der Vermittlung zwischen dem verstorbenen Moltke und seiner Frau Eliza eine bedeutende Rolle spielte.

## 7. Die Rangordnung unter den Kindern, Weinlese und Dorfhochzeit, die Anschauung des Kultus – Anthroposophie, der umgekehrte Kultus

Im Weiteren spricht Rudolf Steiner von der Lage der Häuser im Dorf, von Bahnhof, Kirche und Friedhof, von den großen und mittleren Bauern und den Kleinhäuslern. Auch dass er in der sozialen Ordnung der Dorfjungen bei der Verteilung der Nüsse ganz am Ende kam, erzählt er in diesem Kapitel.

*«Im Herbste sprach keiner von viel anderem als von der Größe seiner Ausbeute an Nüssen. Wer am meisten erbeutet hatte, der war der Angesehenste. Und dann ging es stufenweise nach abwärts – bis zu mir, dem letzten, der als ‹Fremder im Dorfe› kein Recht hatte, an dieser Rangordnung teilzunehmen.» Die Kleinhäusler «bildeten die unmittelbare Nachbarschaft meiner Familie». «Bei Kleinhäusler-Leuten machte ich jedes Jahr die Weinlese und einmal eine Dorfhochzeit mit.»* (L, 12, 13)

Erstaunlich ist diese Erzählung von der Weinlese der «Kleinhäusler», die er mitmachte, und von der Dorfhochzeit, wo er doch selbst keinen Wein trank und später den Alkoholgenuss ablehnte. Der Wein in Verbindung mit der Hochzeit erinnert im Zusammenhang der anderen Motive auch an eine neutestamentliche Erzählung, die Hochzeit zu Kanaan.

Dann spricht Rudolf Steiner von dem Pfarrer mit Worten, deren Gehalt man durchaus ernst nehmen sollte.

*«Neben dem Hilfslehrer liebte ich von den Persönlichkeiten, die an der Schulleitung beteiligt waren, den Pfarrer. Er kam zweimal in der Woche re-*

*gelmäßig zur Erteilung des Religionsunterrichtes und auch sonst öfter zur Inspektion in die Schule. Das Bild dieses Mannes hat sich tief in meine Seele eingeprägt, und er trat durch mein ganzes Leben hindurch immer wieder in meiner Erinnerung auf. Unter den Menschen, die ich bis zu meinem zehnten oder elften Jahre kennenlernte, war er der weitaus bedeutendste.»* (L, 13)

Dieser Pfarrer, ungarischer Patriot und tatkräftiger Arbeiter für die Kirche, erläutert den Kindern das kopernikanische Weltsystem:

*«Er sprach dabei sehr anschaulich über die Erdbewegung um die Sonne, über die Achsendrehung, die schiefe Lage der Erdachse und über Sommer und Winter, sowie über die Zonen der Erde. Ich war ganz von der Sache hingenommen.» – «Wir Schulknaben hatten den Ministranten- und Chordienst zu verrichten bei Messen, Totenfeiern und Leichenbegräbnissen. Das Feierliche der lateinischen Sprache und der Kultus war ein Element, in dem meine Knabenseele gerne lebte.»* (L, 14, 15)

Während er im Elternhaus keine Anregung zu religiösem Leben erfährt, bringt solche das Leben in Neudörfl an ihn heran.

*«Mir steht von meiner Neudörfler Knabenzeit stark dieses vor der Seele, wie die Anschauung des Kultus in Verbindung mit der musikalischen Opferfeierlichkeit vor dem Geiste in stark suggestiver Art die Rätselfragen des Daseins aufsteigen lässt. Der Bibel- und Katechismus-Unterricht, den der Pfarrer erteilte, war weit weniger wirksam innerhalb meiner Seelenwelt als das, was er als Ausübender des Kultus tat in Vermittlung zwischen der sinnlichen und der übersinnlichen Welt. Von Anfang an war mir das alles nicht eine bloße Form, sondern tiefgehendes Erlebnis. … Mein Gemüt verließ das Leben, das ich mit dem Kultus aufgenommen hatte, auch nicht bei dem, was ich in meiner häuslichen Umgebung erlebte.»* (L, 15)

Und noch ein Letztes verdient erwähnt zu werden an diesem ersten Kapitel der Autobiographie. Es ist die Anregung, die er durch einen Arzt aus Wiener Neustadt erfährt, der in seinen Gesichtskreis die Welt der Literatur, Lessing, Goethe und Schiller hineinbringt:

*«Der beschäftigte sich gerne mit mir, nahm mich oft, nachdem er kurze Zeit unter den Linden ausgeruht hatte, beiseite, ging mit mir auf dem Bahnhofsplatze auf und ab und sprach, nicht in dozierender, aber enthusiastischer Art von deutscher Literatur. Er entwickelte dabei allerlei Ideen über dasjenige, was schön, was hässlich ist. … Es ist mir auch dies ein Bild geblieben, das in meinem ganzen Leben in meiner Erinnerung Festesstunden*

*feierte: der hochgewachsene, schlanke Arzt, mit seinem kühn ausschreitenden Gange, stets mit dem Regenschirm in der rechten Hand, den er so hielt, dass er neben dem Oberkörper schlenkerte, an der einen Seite, und ich zehnjähriger Knabe, an der anderen Seite, ganz hingegeben dem, was der Mann sagte.»* (L, 16, 17)

Halten wir fest, was Rudolf Steiner wie beiläufig und was er mit Betonung erwähnt: Der «Letzte (zu) sein» als Fremder im Dorf, die Weinernte, die Dorfhochzeit und das Miterleben des Kultus als einer sinnlich-übersinnlichen Realität. Was die deutsche Literatur, was die großen Geister, welche diese ganz massgeblich impulsiert haben, mit diesem Motivbereich zu tun haben, erläutert sich durch die späteren Kapitel. – Unschwer lassen sich aber auch in diesem Erzählstrang bedeutende Werkzusammenhänge seit 1919 erblicken, wie etwa die «*Kernpunkte der sozialen Frage*» und der «umgekehrte Kultus» des anthroposophischen Erkenntnisweges und seiner Erkenntnis-Gemeinschaft.

Überblickt man die Ausführungen des ersten Kapitels von «Mein Lebensgang», dann enthält das Kindheitserleben Rudolf Steiners in der Anlage die unscheinbarsten und bei näherem Zusehen intimsten Motive seines Lebens, die sich in ihrer Bedeutung erst in den letzten Lebensjahren enthüllen:

I. Die Geburt fern der Abstammung – Krankenlager und Tod
II. Die Landschaft der Kindheit – die Gruppe des Menschheitsrepräsentanten
III. Eine merkwürdige Eigenschaft – vom Sinnlichen zum Übersinnlichen
IV. Etwas ganz Schreckliches – die Verleumdungen der Gegner
V. Etwas ganz Erschütterndes – der Goetheanumbrand
VI. Der Mann ohne Ohr; die Geometrie – Darstellung des Übersinnlichen, Freie Hochschule
VII. Weinlese, Kleinhäuslerhochzeit und Kultus – der «umgekehrte Kultus»

Schauen wir noch einmal auf die Schilderungen des 1. Kapitels von «Mein Lebensgang» zurück. An der Darstellung ist vielleicht die Symmetrie der Schicksals- und Lebensmotive deutlich geworden. Man wird mehr innerlich auf sie aufmerksam, wenn man aus der Sicht des Lebensabschlusses dessen Anfang beleuchtet und die mitgeteilten Einzelheiten ernster und innerlicher aufnimmt. Dann fügen sich den reihenverwandten christlichen Motiven als die Geburt fern der Entstammung und das glatt hinweggeschlagene Ohr des Gefolgsmannes, die Kleinhäuslerhochzeit und Weinlese (das Motiv der Hochzeit zu Kanaan) und das Miterleben der Realität des Kultus an. Leicht bleibt man an dem Hinweis auf das Suggestive der Vermittlung des Kultus hängen, ohne darüber zu sinnen, dass dieses Erlebnis ein anhaltendes ist, dessen Innigkeit das ganze Leben in einem anderen Licht zeigt. Man kann das Gewicht dieser Äußerung Rudolf Steiners über sein Erleben des Kultus nur verstehen, wenn man sich in das Außergewöhnliche, den Ausnahmezustand des tragenden Erlösungsstromes, der von dem Christus ausgeht, versetzen kann.

Dass Rudolf Steiner diese Vorkommnisse, Erlebnisse und Begegnungen, die nicht durch sein Eigenwollen ausgelöst werden, sondern schicksalhaft auf ihn zukommen, der Erwähnung wert hielt, zeigt, dass er in seinem ersten Lebensumkreis Motive des Christusgeschehens als maßgeblich betrachten muss. Zwar liegt dies nicht fern, wenn man die intime Kenntnis des Geschehens von Golgatha durch Rudolf Steiner erwägt. Was er in den zahlreichen Zyklen zu den Evangelien aus der übersinnlichen Forschung mitteilt, drückt sich bereits in seinem Kindheitserleben aus.

# II.
# SCHICKSALSMOTIVE IM JUGENDLEBEN

Die Erlebnisse der frühen Kindheit Rudolf Steiners sind also den Berichten des neutestamentlichen Christentums verwandt. Eine Geburt fern der Abstammung, das glatt abgeschlagene Ohr eines Gefolgsmannes des Grafen Chambord und das Erlebnis des Kultus in der Vermittlung zwischen der sinnlichen und übersinnlichen Welt sind Begebenheiten des Lebens Rudolf Steiners, die den Evangelienerzählungen, der Geburt in Bethlehem (nicht in Nazareth), dem Eingreifen Petrus' mit dem Schwert und dem Abendmahl, gleichen. Diese Eigentümlichkeiten können um weitere Motivparallelen ergänzt werden, wie die Traubenernte und Hochzeit bei den Kleinhäuslern und das damit verwandte Motiv der Hochzeit zu Kanaan in Galiläa. – In der weiteren Erzählung des Lebensganges treten nun im Blick auf die folgenden Kapitel der Jugendentwicklung noch andere Lebensmotive hinzu. Deren allmählicher Entfaltung und ihrer teilweisen Verflechtung mit dem kindheitsprägenden christlichen Motivbereich möchte das Folgende im Blick auf die Kapitel II – VII von «Mein Lebensgang» nachgehen.

## 1. Erwachen aus dem Lebenstraum

Mancher Mensch findet im Kindheits- oder Jugendleben ein ganz bestimmtes Motiv, an dem sich sein eigenes Streben ausrichtet, an dem er für seine besondere Mission erwacht. Diesem magischen, richtungsweisenden Element begegnet man in der Schilderung des 1. Kapitels dort, wo Rudolf Steiner von dem Pfarrer erzählt, der einmal in die Schule kam und vor den reiferen Schülern das kopernikanische Weltsystem entwarf. Die anschauliche Darstellung der Erdbewegung um die Sonne, der Achsendrehung und schiefen Lage der Erdachse zog die ganze Aufmerksamkeit des Schülers an. *«Ich war ganz von der Sache hingenommen, zeichnete tagelang sie nach, bekam dann von dem Pfarrer noch eine Spezialunterweisung über Sonnen- und Mondfinsternisse und richtete damals und weiter alle meine Wissbegierde auf diesen Gegenstand»* (L, 14). – Ein ähnlich weckendes Erlebnis ist nun in der Erzählung des 2. Kapitels der Jahresbericht des Schuldirektors: *«Die Anziehungskraft betrachtet als eine Wirkung der Bewegung»* (L, 20). Man fragt sich, wie diese Worte solch einen Reiz auf den jungen Rudolf Steiner ausüben konnten, da er zugleich bekennt: *«Ich konnte als elfjähriger Junge von dem Inhalte zunächst fast nichts verstehen.»* (L, 20) Dies lag u. a. an der höheren Mathematik, mit welcher die Thesen vorgetragen wurden. Aber dass es dabei um den eigentlichen Weltzusammenhang und eine Ansicht darüber ging, erfasste Rudolf Steiner, da sich ihm eine *«Gedankenbrücke von den Lehren über das Weltgebäude bis zu dem Inhalt des Aufsatzes bildete»*, in dem auch ein Buch des Schuldirektors genannt war: *«Die allgemeine Bewegung der Materie als Grundursache aller Naturerscheinungen.»* (L, 20) Nachhaltig war der Eindruck, ergriff er doch den Willen: *«ich sparte solange, bis ich mir das Buch kaufen konnte. Es wurde nun eine Art Ideal von mir, alles so schnell als möglich zu lernen, was mich zum Verständnis des Inhaltes von Aufsatz und Buch führen konnte»* (L, 20).

Man wird der Schilderung des 2. Kapitels des Buches «Mein Lebensgang» am besten folgen können, wenn man den Gesichtspunkt des Erwachens der Eigenständigkeit beachtet. Rudolf Steiner besucht die Realschule, nicht das Gymnasium, und legt vom 11. bis 18. Lebensjahr einen täglichen Schulweg von Neudörfl nach Wiener Neustadt zurück. Hin konnte er mit dem Zug fahren, zurück musste er gehen. Dieser Hin- und Herweg über das Flüsschen Leitha, der Mittagstisch bei einer Frau und der lange Schultag sind die äußeren Umstände der sich allmählich herausbildenden Eigenständigkeit. Er hatte das starke Bedürfnis, sich an Vorbildern zu orientieren, fand aber in den beiden ersten Klassen der Realschule in seinen Lehrern solche Menschen nicht. Schon bald nach seinem Schuleintritt im Oktober 1872 muss er, noch im Frühjahr 1873, dem erwähnten Aufsatz des Schuldirektors begegnet sein. Er war also annähernd zwölf Jahre alt, als dieses Ereignis all seine Triebfedern anspannte, die impliziten Aussagen über den Weltzusammenhang verstehen zu können: … *«ich hatte das Gefühl, es werde eine große Bedeutung für mich haben, wenn ich das auf diese Art Ausgesprochene verstehen werde»* (L, 21).

Er besorgte sich mathematische und physikalische Bücher und hatte das Glück, in der 3. Klasse endlich einen Lehrer in diesen Fächern zu bekommen, dem er als Vorbild nachstreben konnte. Durch dessen Unterricht legte er zugleich die Grundlagen zum Verstehen der Ausführungen des Schuldirektors. Die Rätselfragen des Naturgeschehens ergaben sich dabei einer Seele, der die Geistwelt in selbstverständlicher Anschauung seit der frühen Neudörfler Zeit gegeben war. Und so ging es ihm darum, jene Kräfte auszubilden, wodurch der Mensch den Weg von der Geistwelt zum Naturgeschehen und umgekehrt von den Naturerscheinungen zum Geistigen absolviert: *«Ich sagte mir, man kann doch nur zurechtkommen mit dem Erleben der geistigen Welt durch die Seele, wenn das Denken in sich zu einer Gestaltung kommt, die an das Wesen der Naturerscheinungen herangelangen kann.»* (L, 22) Was dem Knaben einerseits entgegenkommt und ihm als bedeutende Rätselfrage erscheint, dem sucht er andererseits durch eine Ausbildung des Denkens entsprechen zu können. Mit dem Thema der Himmelskörper, der Bewegung und der Materie traten die Probleme der aristotelischen Physik, Himmelslehre und Metaphysik, mit der Frage der Ausbildung des Denkens die Logik, das Organon des Aristoteles in Einfachheit und Dringlichkeit vor den Knabenblick.

Rudolf Steiner erkennt die Bedeutung wissenschaftlicher und philosophischer Publikationen aus der Sache heraus, bewegt sich darin mit seinem eigenen Interesse und muss nicht dazu angehalten werden. So geht es mit Kant, dessen «Kritik der reinen Vernunft» er in einer Buchhandlung ausgestellt findet und die er zu der beschriebenen Ausbildung seines Denkens zum Erkenntniswerkzeug anwenden will, ohne dass er Kants Stellung in der Geistesgeschichte der Menschheit, wie er betont, damals kennt.

Mit der aristotelischen Gedankenartung im knabenhaften Aufgreifen der tiefsten Fragen verbindet er als ein weiteres Element seiner frühen Jugend eine christlich-scholastische Kultivierung des Denkerlebens: *«Zum ersten wollte ich das Denken in mir selbst so ausbilden, dass jeder Gedanke voll überschaubar wäre, dass kein unbestimmtes Gefühl ihn in irgendeine Richtung brächte. Zum zweiten wollte ich einen Einklang zwischen einem solchen Denken und der Religionslehre in mir herstellen. Denn auch diese nahm mich damals in höchstem Grade in Anspruch. Wir hatten gerade auf diesem Gebiete ganz ausgezeichnete Lehrbücher. Dogmatik und*

*Symbolik, die Beschreibung des Kultus, die Kirchengeschichte nahm ich aus diesen Lehrbüchern mit wirklicher Hingebung auf.»* (L, 23/4) Sein Erleben des Kultus in geistiger Anschauung verbindet sich nun mit jener religiösen Lehrgestalt, in welche das Christentum in der Scholastik (z. B. bei Thomas von Aquino) eingemündet ist und die bis ins 19. Jahrhundert vorhielt: *«Mein Verhältnis* [zu diesen Lehren] *war dadurch bestimmt, dass mir die geistige Welt als ein Inhalt der menschlichen Anschauung galt».* Er empfand an ihnen, *«wie der menschliche Geist erkennend den Weg ins Übersinnliche finden kann»* (L, 24). Durch das Leben auch im Übersinnlichen entwickelte er ein erkennendes Christentum weiter, wie es von den mittelalterlichen Lehrern begonnen worden war.

In den Realschuljahren holt Rudolf Steiner den anfänglichen Rückstand auf und bildet sich zum Nachhilfelehrer seiner Mitschüler im Alter von 15 Jahren heran. *«Ich verdanke diesem Nachhilfeunterricht sehr viel. Indem ich den aufgenommenen Unterrichtsstoff an andere weiterzugeben hatte, erwachte ich gewissermaßen für ihn.»* (L, 27) Da er in allem, was er sich selbst errang oder wofür ein Herzensbedürfnis vorhanden war, einen vollbewussten Seelenzustand entfalten konnte, dehnte sich durch den Nachhilfeunterricht der Umkreis seines bewussten Wissens über den gesamten Schulstoffbereich das heißt die epochalen Grundlagen des Wissens aus.

Hinzu trat eine praktische Seelenkunde, die er sich zugleich durch das frühe Lehrersein erwarb. Sie erweiterte seinen Horizont bis zur geistigen Seele hin. Die Antwort, welche er seinem entnervten Deutschlehrer auf dessen Verneinung psychologischer Freiheit gab: *«die psychologische Freiheit gibt es schon, es gibt nur keine transzendentale Freiheit im gewöhnlichen Bewusstsein»* (L, 28), ist die eines in aristotelisch-scholastischer Psychologie geübten Denkers, der die Probleme der kantisch oder herbartisch geprägten Philosophie seiner Zeit durchschaut, eigentlich nicht die übliche Antwort eines Sechzehnjährigen. So ist auch der Satz zu verstehen, mit dem Rudolf Steiner das Kapitel schließt, in dem er das Politisieren seines Vaters mit einem Arbeitskollegen zum Anlass für Betrachtungen des Geistigen nimmt, wie es Aristoteles mit seiner Unterscheidung eines Nous poietikos und eines Nous pathetikos in der «Psychologie» getan hat: *«Inwiefern lässt sich beweisen, dass im menschlichen Denken realer Geist das Wirksame ist?»* (L, 31).

## 2. Rudolf Steiners Studium – die Begegnung mit Karl Julius Schröer

Ausführlich stellt Rudolf Steiner im 3. Kapitel des «Lebensganges» sein Studium an der technischen Universität in Wien dar. Er erreicht Wien von Inzersdorf aus, wohin die Familie umgezogen ist. Zunächst schaltet der junge Mann seiner Studienzeit ein philosophisches Propädeutikum vor, mit dem er im Eigenstudium die Zeit zwischen Schule und Hochschule ausfüllt. In diesem Selbst-Studium wird die Bewegung zwischen Geist und Natur, die damals in ihrem vollen Gegensatz vor seiner Seele stand, das vorherrschende Motiv: *«Vorher hatte ich mich damit geplagt, für die Naturerscheinungen Begriffe zu finden, von denen aus man einen solchen für das ‹Ich› finden könne. Jetzt wollte ich umgekehrt von dem Ich aus in das Werden der Natur einbrechen.»* (L, 32)

Es könnte keinen besseren Seelenweg des Studiums geben, wenn er sich so abgespielt hat, wie Rudolf Steiner davon erzählt. Denn es wird in den 49 Abschnitten dieses 3. Kapitels immer wieder das Durchschreiten einer Mitte zwischen Denken und Anschauung durch ein Bewusstwerden des Fühlens, des Künstlerischen und der Schönheit dargestellt. Die Naturumgebung seines neuen Wohnortes in Inzersdorf ist keine schöne, das Schöne aber und seine Idee beschäftigen ihn in seinem Studium von Anfang an.

Eine besondere Liebe seines selbst gewählten Studiums gilt Fichtes Wissenschaftslehre. Von da ausgehend, erobert er sich allmählich einen Einblick in die gesamte neuere Philosophie. Im Verfolgen der Entwicklung des philosophischen Denkens arbeitet er zugleich an seinem eigenen Denken. Er gießt die *«unmittelbare Anschauung von der geistigen Welt»*, die ihm eigen ist, in *«die Form von Gedanken»* (L, 33). In der Stimmung dieser Seelenbewegung vom Denken zum Geist und von der geistigen Anschauung zu Gedanken lernt er zu Beginn seines Studiums Karl Julius Schröer kennen, der an der Technischen Universität Vorlesungen über deutsche Literatur hält. Da Rudolf Steiner ein Brotstudium wählen musste, hatte er sich für Mathematik, Naturgeschichte und Chemie eingeschrieben. Eigene Arbeiten, sein Leben mit der Philosophie und Zusatzvorlesungen an der Wiener Universität legten den Grund zu einer umfassenden Hochschulbildung. Dabei gaben Schröers Wärme der

Behandlungsart und Begeisterung für die Schönen Wissenschaften dem Studium von einer unverhofften Seite Halt. Schon nach wenigen Vorlesungsstunden wurde er mit Schröer näher bekannt. Viele Werke der Schönheit, auch den zweiten Teil von Goethes Faust lernte er durch Schröers Anregung kennen.

Die Geistesarten seiner Hochschullehrer waren allerdings sehr unterschiedlich. Schröer war ein intuitiver Geist, der nichts auf Systematik gab, Zimmermann ein streng systematischer Theoretiker, von Brentano hatte er bei der größten logischen Gewissenhaftigkeit das Gefühl, dass dieses Denken aus seinem eigenen Weben nicht herauskomme und nirgends in die Wirklichkeit einbreche. Diese Einseitigkeiten des Denkens sucht Rudolf Steiner in seiner Wahrheitssuche durch die Philosophie auszugleichen. Er bleibt für wirksame Eindrücke offen und lernt einen Kräutersammler kennen, durch den ein instinktives Wissen der Vorzeit an ihn herankommt. Seiner Unbefangenheit entgeht nicht, dass dieser Mann aus dem Volk, den man in seinen Mysteriendramen als Felix Balde findet, sich als Sprachorgan für einen Geistesinhalt offenbart, *«der aus verborgenen Welten heraus sprechen wollte»* (L, 38).

Einsam ist ansonsten sein Denk-Erleben. Denn in den Philosophien, denen er begegnet, selbst bei Hegel, muss er bedauern, dass das Denken nicht *«bis an die Anschauung der geistigen Welt heranzubringen war»* (L, 39). Ihm selbst erschien «das Leben im Denken» allmählich *«als der in den physischen Menschen hereinstrahlende Abglanz dessen, was die Seele in der geistigen Welt erlebt»* (L, 39). Und so beginnt Rudolf Steiner von dieser Seite eine Erkenntnistheorie zu bilden, die das Leben im Denken als höheren Bewusstseinszustand beschreibt, von dem ausgehend man den unvollkommenen Wirklichkeitszugang des bloß sinnlichen Bewusstseins als Durchgangspunkt zu einem dialogischen Verständnis des Erkennens entwickeln kann. Denn wenn *«die Sinnenwelt vor dem Menschen steht und er mit seinen Gedanken in sie einbricht, dann erweisen sich doch die Gedanken als dasjenige, durch das die Sinneswelt sich ausspricht»* (L, 40).

Rudolf Steiners dehnt seine erkenntnistheoretischen Studien bis in die physiologischen und physikalischen Anschauungen seiner Zeit aus. Neben der mathematischen Grundlage des Erkennens bewegen ihn das Raum- und das Zeiträtsel, die organischen Wissenschaften bis in die Medizin hinein. Dabei übte er die größtmögliche Zurückhaltung und ließ seine *«Einsichten in das Geistige nicht störend»* (L, 42) in sein Aufnehmen des gegenwärtigen naturwissenschaftlichen Forschungsstandes eingreifen. Solche Unbefangenheit ermöglichte es ihm, an den liebenswürdigen Physiker Reitlinger anzuknüpfen und in seinem Laboratorium (auf dem Gebiet der Spektralanalyse) forschend zu arbeiten. Gegenüber den Deduktionen Fichtes lässt sich nicht leicht ein größerer Gegensatz denken als die streng induktive Forschungsart Reitlingers. Die Erfahrung von Licht und Liebe oder Wärme im Denken, die Rudolf Steiner in den Studien mit Fichte, Schröer, der Philosophie und Geistwelt immer mehr ausbildet, hatte auf der Seite der äußeren Anschauung das Pendant in der Auseinandersetzung mit der mechanischen Wärmetheorie und der Wellenlehre des Lichtes. Dies gehört dazu, wenn man von dem im Ich lebenden Begriff in die Wirklichkeit des Physikalischen einbrechen will. Die Anschauung, dass die physische Außenwelt der Ausdruck der Bewegungsvorgänge der Materie und die Empfindungen der Sinne nur subjektive Erlebnisse sind, machte Rudolf Steiner *«unsägliche Schwierigkeiten»*, denn *«sie trieb allen Geist aus der objektiven Außenwelt heraus»* (L, 44). Auch hier ist seine Erkenntnisgeduld vorbildlich: *«Immer wieder musste die leicht zu erdenkende Kritik dieser Denkungsart innerlich niedergerungen werden, um die Zeit abzuwarten, in der weitere Erkenntnisquellen und Erkenntniswege eine größere Sicherheit geben würden.»* (L, 44)

Eine starke Anregung dazu erhielt Rudolf Steiner von der synthetischen Anschauung Schillers, der in seinen Briefen «Über die ästhetische Erziehung des Menschen» ein freies Verhältnis zu beiden Seiten der Existenz als höheres Niveau des Menschseins, als ästhetischen Zustand, herausgearbeitet hatte. Rudolf Steiner glaubte diese Ausführungen Schillers zum Erleben des Schönen auf das Wahre ausdehnen zu können: *«Schiller hat von dem Bewusstseinszustand gesprochen, der da sein muss, um die Schönheit der Welt zu erleben. Könnte man nicht auch an einen solchen Bewusstseinszustand denken, der die Wahrheit im Wesen der Dinge vermittelt?»* (L, 45) In Gedanken, die nicht äußere Dinge abbilden, sondern die als Gedanken selbst erlebt werden, sah Rudolf Steiner einen solchen Bewusstseinszustand entstehen: *«Geht man immer weiter im Gedanken-Erleben, so findet man, dass diesem Erleben die geistige Wirklichkeit entgegenkommt.»* (L, 46)

## Exkurs: Bezüge zum ersten Mysteriendrama[4]

Man vergegenwärtige sich noch einmal die Stationen des Studiums Rudolf Steiners: Ein Licht- und Wärmeaspekt erstreckt sich von der impliziten Lichtmetaphysik der Wissenschaftslehre Fichtes über das intuitive Gedankenbilden und erwärmende Darstellen Schröers bis zur Begegnung mit der Urweisheit in dem Kräutersammler Felix. Es geht aber auch auf die induktiv naturwissenschaftliche Forschungsweise, die Licht- und Wärmetheorien und das Raum- und Zeiträtsel der modernen Wissenschaft und zuletzt auf die künstlerische Vermittlung beider Orientierungen in der Ästhetik Schillers. Ist daher nicht die Meditation des *Benedictus*, welche er *Thomasius* gibt, damit er *Maria* ins Geistgebiet folgen könne, die schönste Zusammenfassung der Rudolf Steiner eigenen Forschungsbemühung in seiner Studienzeit?

> «Des Lichtes webend Wesen, es erstrahlet
> Durch Raumesweiten,
> Zu füllen die Welt mit Sein.
> Der Liebe Segen, er erwarmet
> Die Zeitenfolgen,
> Zu rufen aller Welten Offenbarung.
> Und Geistesboten, sie vermählen
> Des Lichtes webend Wesen
> Mit Seelenoffenbarung,
> Und wenn vermählen kann mit beiden
> Der Mensch sein eigen Selbst,
> Ist er in Geisteshöhen lebend.» (3. Bild)

Dass der Künstler Rudolf Steiner Menschenbegegnungen dieser Zeit als Stoff seiner dramatischen Dichtungen aufgreift und weiterentwickelt, erkennt man an der Nennung *Felix Baldes.* Das Verhältnis Rudolf Steiners zum Kräutersammler Felix entspricht also durchaus, bis auf das unterschiedliche Alter, jenem des *Benedictus* zu *Felix Balde* im ersten Drama.

FELIX BALDE:
Der vorhin eben sprach,
(Benedictus erscheint in der Tür)
Als wenn in Weltenräumen
Und Ewigkeiten nur sein Geist verweilte,
Hat wahrhaft keinen Grund,
Von meiner Einfalt viel zu reden.

BENEDICTUS:
Ihr irrt, mein Freund,
Unsäglich ist mir wert ein jedes eurer Worte.

FELIX BALDE:
Es war nur Vorwitz,
Der Trieb zu schwätzen,
Wenn ihr die Ehre mir oft gabt,
So neben euch zu gehn auf unsern Bergeswegen.
Nur weil ihr mir verborgen,
Wieviel ihr selber wisst,
Hab' ich gewagt zu reden. (1. Bild)

In einem Vortrag (Berlin 4. 2. 1913) geht Rudolf Steiner auf sein Verhältnis zu diesem Mann noch mit anderen Worten als im «Lebensgang» ein: *«Er sammelte überall in den dortigen Gegenden die verschiedensten Pflanzen und verstand es – das konnte man gewahr werden, wenn man ihn, wie das nur selten, aber doch der Fall war, begleiten durfte auf seinen einsamen Wanderungen – jede einzelne Pflanze aus ihrem Wesen, aus ihren okkulten Untergründen heraus zu erklären.»*

Außer diesem Kräutersammler Felix konnten ihm die anderen Menschen, die er in dieser Zeit vor Augen hatte, nicht tatsächlich in seine geisteswissenschaftlich rosenkreuzerischen Horizonte folgen. In seinem Dramenschaffen eröffnete Rudolf Steiner aber ihrem tieferen Wesen einen weiten Entfaltungshorizont. So stellte er neben *Benedictus* und *Felix Balde* einen *Capesius*, der einige der Züge Schröers trägt. Die *Stradergestalt* vereinigt, wie man weiß, Wesenselemente von Gideon Spicker und Keely, daneben aber, wie man sieht, die Forschercharaktere eines

Reitlinger und anderer Naturwissenschaftler, denen er damals begegnete. Eine geeignete Künstlergestalt begegnet Rudolf Steiner, wenn auch nicht unter den Lebenden, in Schiller.

## 3. Jugendfreundschaften

Wohl den Angaben Rudolf Steiners folgend, wurden die Beiträge des «Lebensganges» für die Wochenschrift «Das Goetheanum» bei der späteren Buchherausgabe in Kapitel zusammengefasst. Dabei ergeben die ersten 7 Kapitel eine deutliche Beziehung zur Wesensgliederung des Menschen: Im ersten die dem physischen Leib angehörenden Motive der Kindheit, im 2. die Entfaltung des denkenden Bewusstseins in der Realschulzeit, im 3. Kapitel das seelische Streben einer Verbindung der Welten in der Studienzeit und im 4. Kapitel, der Stufe des Ich, die verschiedenen Ich-Begegnungen der Jugendfreundschaften.

Ein thematisch interessantes Motiv, die Auseinandersetzung mit der Wagner-Begeisterung seiner Zeit, verwendet Rudolf Steiner zu einer näheren Charakterisierung des Problems: *«Die Welt der Töne an sich war mir die Offenbarung einer wesentlichen Seite der Wirklichkeit.»* (L, 47) Wer die Musik erst in einem dramatischen Ausdruck sich verwirklichen sieht, erfasst auch Freundschaft nicht tief genug, denn sie gilt im Gemeinsamen des Strebens dem begegnenden Ich.

Interessant ist die Erzählfolge, denn es fällt wohl unmittelbar auf, dass diese Begegnungen aus der Sicht eines ganzen Lebens gegeben werden und ein Blick auf die spätere Lebensentfaltung der Freunde geworfen wird. Der herrlich idealistisch gesinnte junge Mann, mit Glücksgütern nicht gesegnet, kann seine Jugendliebe nicht heiraten. Es wird ihm gleichgültig, was das spätere Leben noch bringt. Er muss eine Journalistenstelle annehmen und stirbt früh an einem Lungenleiden. – Ein zweiter, der in allem das Gegenteil des ersten Freundes genannt wird, *«wurde durch einen inneren Zwiespalt mit dem Leben nicht fertig»* (L, 50). Er fühlte sich als Dichter, und kein Beruf reizte ihn, sodass er zuletzt eine ihm gleichgültige Stellung annehmen musste. Allmählich verfiel er der Vorstellung, von einer unheilbaren Krankheit befallen zu sein und endete im Selbstmord. Eine dritte, recht innige Freundschaft schloss

Rudolf Steiner mit einem jungen Mann aus dem deutschen Siebenbürgen. Er vertrat eine pessimistische Lebensstimmung, zu der Rudolf Steiner im Gegensatz stand. Die Freundschaft mit ihm ist eine solche fürs Leben geblieben. Ein Sinngedicht aus dem Umkreis des Kräutersammlers Felix ist für die Komposition dieses 4. Kapitels aufschlussreich. Es lautet:

Der Früchte dreierlei vom Baume fallen:
Die einen angefressen von dem Wurme,
Die andern abgerissen von dem Sturme,
Die dritten endlich fallen reif von allen.

Die Früchte treu des Menschen Schicksal zeigen:
Der eine fällt zernagt vom Herzenswurme,
Geknickt der andere von des Unglücks Sturme
Der dritte reif von Lebensbaumes Zweigen.[5]

## 4. Karl Julius Schröer, das Licht und die Optik der Physiker

Die folgenden Kapitel erforderten im Grunde ein ausführlicheres Eingehen. Aber im Rahmen dieser Darstellung müssen einige Hinweise genügen. Das fünfte Kapitel erzählt den Lebensweg des verehrten Lehrers Karl Julius Schröer. Was dieser erlebt, bis sich ihre Wege begegnen, gibt einen schönen Vergleich ihrer Wesensart. Schröers Geistesart und Idealismus berührten sich am ehesten dort mit Rudolf Steiners Weltanschauung, wo Schröer sein Erlebnis der Volksseelen kennzeichnet. Im Unterschied zu Schröer sieht Rudolf Steiner das Leben des Geistes hinter den Ideen und schaut diese nur als dessen Erscheinung in der Menschenseele. Schröer ist überdies das Gebiet der Naturwissenschaft fremd. Als ein für die Werke der Schönheit, der Sprache und der Volksseelen begeisterter Idealist steht Schröers Geist vor dem Anblick. Rudolf Steiners Interessenhorizont umspannt den seinigen und spannt sich zwischen der geistigen Anschauung und den Fragen des Sehens in der Sinneswelt aus.

Das Sehen, sein Medium und das Gesehene bedenkt ein zweiter Teil dieses Kapitels, der auf die Optik der Physiker, eine geistgemäße Lichtlehre und die allmähliche Annäherung an Goethes Naturwissenschaft eingeht. Das Licht gilt Rudolf Steiner als *«eine wirkliche Wesenheit in der Sinnenwelt, die aber selbst außersinnlich ist»* (L, 63), der Schall vergleichsweise «nominalistisch» als Zusammenfassung der einzelnen Ereignisse in der Tonwelt. Das Licht sei also, nach der Ausdrucksweise der Scholastik, auf «realistische» Weise anzusehen. Dabei suchte Rudolf Steiner auch zu Experimentalanordnungen für eine Lichtlehre zu kommen, um seine Gedanken an der sinnlichen Erfahrung zu überprüfen. Eigene Wege in den übrigen naturwissenschaftlichen Gebieten, in Studien der Anatomie und Physiologie brachten ihn auch dort in der Auffassung des menschlichen, tierischen und pflanzlichen Organismus an die Anschauungen Goethes heran. Im Blick auf die Seelenbetätigung des Denkens, Fühlens und Wollens gestaltete sich der «geistige Mensch» bis zur bildhaften Anschaulichkeit. *«Blickte ich dann auf die sinnliche Erscheinung des Menschen, so ergänzte sich mir diese im betrachtenden Blicke durch die Geistgestalt, die im Sinnlich-Anschaubaren waltet.»* (L, 66)

## 5. Leben als Erzieher

Das 6. Kapitel entfaltet das Thema Leben im umfassenden Sinn. Rudolf Steiner wächst vom Schicksal die bedeutende Aufgabe zu, ein seelisch und körperlich zurückgebliebenes Kind, das aber durchaus im höheren Masse entwicklungsfähig war, durch eine Erziehungskunst im wahrsten Sinne des Wortes ins Leben hineinzuführen. Alles Inhaltliche und Methodische seines bisherigen eigenen Lernens und Unterrichtens musste er in eine dem körperlichen und seelischen Organismus des Kindes entsprechende Form bringen, um seine schlummernden Fähigkeiten zum Erwachen zu bringen. Psychologie und Physiologie, im Grunde die Erkenntnis der ganzen Menschenwesenheit, besonders des Zusammenhanges des Geistig-Seelischen mit dem Körperlichen konnte er dabei am Leben selbst studieren und das Erziehen als eine Kunst ausbilden. Über die näheren Lebensverhältnisse mit der Familie, zu der er durch Schröers Vermittlung in Kontakt kommt, wird anlässlich der Besprechung des 3. Teiles dieser Studie (Kapitel 8 – 13), besonders des 13. Kapitels, noch

Gelegenheit sein. Hier aber soll der Hinweis nicht fehlen, dass sein Verhältnis zu dem Kind und der Mutter, *«die ihm durch seine Tätigkeit für den Sohn zur treuen Freundin geworden war»* (L, 71), durchaus in jene Beziehung hineinspielt, die im Mysteriendrama zwischen *Maria* und *Benedictus* künstlerisch gestaltet zur Entfaltung kommt. Selbstverständlich ist nicht an eine naturalistische Entsprechung gedacht, wohl aber an einen realen Bezug.

MARIA:
«Und nun, da dieses Kindes Schicksal
In Zukunft fließen soll
Im Schatten eurer Vaterhuld,
Erbitten darf des Führers Rat
Auch ich, die Mutter ihm geworden,
Wenn nicht durch Blutesbande,
So doch durch Schicksalsmächte.» (3. Bild)

Während Rudolf Steiner die Familie auch in die Sommerferien an den Attersee begleitet, nutzt er die freien Abendstunden, sich in die Philosophie Eduard von Hartmanns zu vertiefen, dessen gesunde Lebenserfassung er schätzt, wenn er auch seine Erkenntnistheorie und die Lebensanschauung des Pessimismus nicht teilen konnte. Indem er durch diese Studien über seine eigenen erkenntnistheoretischen Gesichtspunkte immer mehr Klarheit erzielte, wurde ihm durch Empfehlung Schröers die Aufgabe der Herausgabe von Goethes Naturwissenschaftlichen Schriften in der Ausgabe von Kürschner zuteil. Im Hineinarbeiten in diese Aufgabe hatte er sich abermals mit der Naturwissenschaft und mit Goethes ganzer Weltanschauung auseinanderzusetzen. Er kam zu der Anschauung, *«wie sich in Goethes Geist die Ideen belebt haben, wie sie Ideengestaltungen geworden sind»* und wie man an Goethe erfahren könne, *«wie man über das Organische denken müsse, um ihm erkennend beizukommen»* (L, 75).

Der eigenen Lebensaufgabe als Erzieher und der Belebung der Verstandesbegriffe entsprach nun ein Hineinleben in die Organik Goethes, über die Metamorphosenlehre in Pflanzen-, Tier- und Menschenreich bis zur Erfassung der menschlichen Gestalt, so dass diese zum Träger des selbstbewussten Geistes werden kann: «Stufenweise sieht man die organischen Schaffenskräfte geistähnlicher werden. Diese Kräfte sind auch im Werden des menschlichen Organismus vorhanden; sie leben sich zuletzt als Menschengeist dar, nachdem sie sich in der natürlichen Grundlage ein Gefäß geschaffen haben.» In Goethes Naturbetrachtung war damit ein Übergang zur Geisteswissenschaft gegeben. Rudolf Steiners Schrift «Grundlinien einer Erkenntnistheorie der Goetheschen Weltanschauung»[6] wurde schon 1886 fertig.

## 6. Von den «Grundlinien» zur «Philosophie der Freiheit»[7]

Merkwürdig in seiner ganzen Komposition ist das 7. Kapitel von «Mein Lebensgang». Es beginnt mit der Erzählung von einer rätselvollen Familie, in die das Schicksal Rudolf Steiner hineinführte, als er gerade seine Ideen zu einer Erkenntnistheorie der Goetheschen Weltanschauung niederlegte, und weitet sich dann zur Erzählung von der Bekanntschaft mit Marie Eugenie delle Grazie, ihrem Kreis und einer Auseinandersetzung, in der die ersten Gedanken zur «Philosophie der Freiheit» heranreifen, und schliesst mit der Begegnung mit Fercher von Steinwand, der Herausbildung des Wiederverkörperungsbewusstseins und dem ersten Eindruck der theosophischen Bewegung. Lässt sich ein Zusammenhang dieser Erzählteile erahnen?

Nicht leichthin und nicht eben oft verwendet Rudolf Steiner den Ausdruck «Schicksal» bei bestimmten Erlebnissen in seinem Lebensgang. Meist geschieht die Verwendung in einer zugleich aktiven Bedeutung. Zu Anfang des 7. Kapitels begegnet der Ausdruck dort, «wo ihn das Schicksal in eine Familie einführte». Die sich nun entfaltende Begebenheit kommt merkwürdigerweise, was ihr zentrales Motiv angeht, gleich zweimal im Lebensgang vor. An dieser Stelle ist es der Vater im Hause eines Freundes und seiner beiden Schwestern, der sich vom Leben zurückgezogen hat und wie ein moderner Klausner abgeschlossen lebt. Rudolf Steiner hat ihn nie persönlich zu Gesicht bekommen. Dieser Unbekannte, den ein schweres Schicksal dazu veranlasst hat, den Verkehr mit den Menschen zu meiden, wird Rudolf Steiner im Lauf der Zeit, da er durch die Familie mittelbar immer mehr von diesem Menschen erfährt, ein Seelenbekannter, auf dessen Wesen er umso deutlicher hinlauschen kann, je weniger es ihm in physischer Gegenwart vor Augen steht. Als der Mann stirbt, soll Rudolf Steiner die Grabrede halten und, was sein Herz ihm zu sprechen eingab, sei, nach den Worten der Geschwister, ein treues Bild ihres Vater gewesen. Rudolf Steiner erwähnt auch noch ein schönes Freundschaftsverhältnis zu der jüngeren Tochter. Er spricht von gegenseitiger Liebe, die aber nicht über die Grenzen des Seelischen hinaus zu einer Offenbarung führte.

Diesem persönlich und geheimnisvoll bleibenden Bereich, der die Freundschaft mit einem jungen Mann, die Liebe zu seiner jüngeren Schwester und das über das Sinnliche und sogar über den Tod hinausreichende Band mit dem unbekannten Vater der jungen Menschen betraf, tritt nun die Schilderung der Begegnung mit Marie Eugenie delle Grazie und ihrem weiten Menschenkreis an die Seite. Durch Schröer zum Besuch und zur Bekanntschaft veranlasst, führt gerade mit ihm die Entfaltung der sich daraus ergebenden Verhältnisse zu einer tiefen Verstimmung. Denn delle Grazie ist eine Vollblut-Pessimistin, und die Anwendung ihrer dichterischen Begabung zur Schilderung der Abgründe der Menschennatur gilt Schröer als Frevel; die Pessimisten nennt er eine «Schlacke ausgebrannter Geister».

Es könnte kaum einen größeren Gegensatz als die Innigkeit der geschilderten Familie, ihrer Gespräche über Literatur und das Schicksal des Vaters, des modernen Klausners, geben, als die Bestrebungen delle Grazies, die Abgründe des Daseins (Robespierre; Satanide) öffentlich und durch die Kunst präsentabel zu machen. Die «Enterbten des Leibes und der Seele» (aus dem Vorspiel des ersten Mysteriendramas «Die Pforte der Einweihung»[8]) klingen hier an. Und gerade dieser im Pessimismus schwelgende Umkreis ist es, der wie ein Reflex der Scholastik die intimeren Aspekte des Thomismus und seiner Metamorphose zur Äußerung bringt. Die beiden Themen, die Rudolf Steiner mit Pater Neumann bespricht, sind die Wesenheit Christi und die Reinkarnation: *«Ich sprach meine Anschauung darüber aus, wie Jesus von Nazareth durch außerirdischen Einfluss den Christus in sich aufgenommen habe und wie Christus als eine geistige Wesenheit seit dem Mysterium von Golgatha mit der Menschheitsentwickelung lebt.»* (L, 84) Die Anschauung ist im anthroposophischen Bewusstsein so selbstverständlich geworden, dass ihr

Erstaunliches, auch ihre Unterschiede zur kirchlichen Lehrmeinung kaum noch Beachtung finden. Unbehaglich waren Neumann auch die Gespräche über Wiederverkörperung, da sein universelles Wissen zwar das Auftreten dieser Idee besprechen, aber kein inhaltliches Verhältnis zu einem Wiederverkörperungsbewusstsein gewinnen wollte.

*«Es waltete ein wahrer Zauber über diesen Sonnabend-Zusammenkünften.»* (L, 86) Rudolf Steiner schätzt überaus, was er im Hause delle Grazies erfährt, auch wenn es selbstverständlich eine Stätte des Pessimismus und Anti-Goetheanismus ist. Denn er bedurfte, wie er betont, dazu *«nicht der Übereinstimmung in den Ideen; dazu bedurfte es der strebsamen, für Geistiges empfänglichen Menschlichkeit»* (L, 87). In seinen Sendschreiben an delle Grazie heißt es: *«Wo bliebe die göttliche Freiheit, wenn die Natur uns, gleich unmündigen Kindern, am Gängelbande führend, hegte und pflegte? Nein, sie muss uns alles versagen, damit, wenn uns Glück wird, dies ganz das Erzeugnis unseres freien Selbstes ist.»* (L, 88) Die eigene Herkunft aus einer mit Glücksgütern nicht gesegneten Familie gibt diesem Wort besonderes Gewicht.

In einem Kreis junger österreichischer Dichter um Fritz Lemmermeyer hörte Rudolf Steiner von Fercher von Steinwand und lernte diesen und seine Dichtungen auch in dieser Zeit kennen. *«Ich betrachte die Tatsache, dass ich Fercher von Steinwand habe kennenlernen dürfen, als eine der wichtigen, die in jungen Jahren an mich herangetreten sind. Denn seine Persönlichkeit wirkte wie die eines Weisen, der seine Weisheit in echter Dichtung offenbart.»* (L, 91) *«Gerade in der hier dargestellten Zeit meines Lebens errang ich mir die bestimmten Anschauungen über die wiederholten Erdenleben des Menschen. Vorher lagen sie mir zwar nicht ferne; aber sie rundeten sich nicht aus unbestimmten Zügen heraus zu scharfen Eindrücken. Und nur, weil ich mir wirklicher Anschauung auf diesem Gebiete bewusst war, konnte ich das erwähnte Gespräch mit Prof. Neumann führen.»* (L, 92) Im Blick auf die vorangehenden Kapitel liegt es nahe, Rudolf Steiners eigenen Lebenshorizont in den Jugendjahren mit dem Wort des *Benedictus* zu ermessen:

«Es formt sich hier in diesem Kreise
Ein Knoten aus den Fäden,
Die Karma spinnt im Weltenwerden.» (3. Bild)

Wir haben gesehen, dass Rudolf Steiner in seinem ersten Mysteriendrama die Lebensfäden einer Reihe von Zeitgenossen aus diesen Jahren verknüpft hat. Dass man einen *Benedictus*, einen *Felix Balde*, einen *Capesius* und in der Gegensätzlichkeit auch einen *Strader* findet, sogar einen *Thomasius*, eine *Maria* und ein *Kind*, das in der Vaterhuld eines Eingeweihten sich entfaltet. Und selbst das zum Mysteriendrama antithetische Drama der *Estella*, «Die Enterbten des Leibes und der Seele» findet man in seinem Lebensumkreis.

Beides, die Mysteriendramen und die Autobiographie «Mein Lebensgang» sind, wenn auch aus ganz unterschiedlichen Gründen, nicht vollendet worden. Sie berühren sich aber in dem Christusmotiv. Der «Lebensgang» führt dies sichtbar in den begegnenden Lebensumständen der frühen Kindheit und in der Charakterisierung der Christusidee gegenüber Pater Neumann an. Dass sich Rudolf Steiner vom Erleben (des Kultus) zum Erkennen und weiter zu einem gesteigerten Erkenntnis-Erleben gegenüber dem Mysterium von Golgatha bewegt, wird auch weiter im Blick auf die Entstehungszeit der »Philosophie der Freiheit» zu beachten sein.

# III.
# «DIE PHILOSOPHIE DER FREIHEIT»
# ANTWORT AUF DIE ZERSTÖRTE IDEALISTISCHE GEISTWELT

Den eigentlichen Faden der Darstellung seines Buches «Mein Lebensgang» hat Rudolf Steiner in bestimmten, nicht immer auf den ersten Blick verständlichen Sätzen seiner Autobiographie kenntlich gemacht. In den beiden vorausgegangenen Teilen der Erkundung haben wir versucht, an solchen Sätzen oder Sachverhalten die Kindheit und Jugendzeit Rudolf Steiners ins Auge zu fassen. «So ist es gekommen, dass mein Geburtsort weit abliegt von der Erdgegend, aus der ich stamme», war der Satz, der zu einem tieferen Nachdenken über die Motive der Kindheit Anlass gab. Und dies setzte sich bei näherem Zusehen gegenüber den Äußerungen zum Aufsatz des Schuldirektors fort. In der Zeit des Studiums und seines anschließenden Lebens in Wien diente ein Ausspruch über die Wesenheit Christi gegenüber Professor Neumann, über die zauberhaften Sonnabend-Zusammenkünfte bei delle Grazie oder dem «unbekannten Bekannten» zu weiteren Betrachtungen über Lebensmotive in der Jugendzeit. Die Beschreibungen des Lebensganges sind indes so vielfältig und reich an tieferen Bezügen aller Art, dass sie kaum erst für die Entwicklung der Anthroposophie erforscht sind und jedem Leser für sein Bemühen eigene Anknüpfungspunkte ermöglichen. Die hier gegebene Auswahl von Textbezügen ergibt sich aus dem besonderen Gesichtspunkt dieser Studie, Motive eines Eingeweihtenlebens und besondere Schicksalsmotive im Lebensgang Rudolf Steiners aufzuzeigen.

Die nunmehr zu besprechenden Kapitel VIII bis XIV beschreiben das Ende des ersten Lebensabschnittes Rudolf Steiners in der Annäherung an sein 30. Lebensjahr.

Für einen weiteren Schritt in der Erforschung seiner Lebensmotive ist eine Äußerung hilfreich, die sich in der Mitte der genannten Kapitel findet: «*Am Ende dieses meines ersten Lebensabschnittes stellte sich in meinem Inneren die Notwendigkeit ein, zu gewissen Orientierungen der*

*Menschenseele ein deutlich sprechendes Verhältnis zu gewinnen.»* (L, 115) Bevor diese Notwendigkeit für sein inneres Leben auftritt, festigte Rudolf Steiner seine eigene Stellung innerhalb des Erkenntnislebens seiner Zeit.

Mit dem «Homunculus» von Robert Hamerling trat damals eine Dichtung auf, welche die Zerstörung der idealistischen Geistwelt durch den Materialismus ins Bild brachte. Man kann sich die Stimmung dieser Zeit an unserer Gegenwart d. h. besonders den Jahren 1992 bis 2003 veranschaulichen. Ein vergleichbares Empfinden, dem damals nur Hamerling – wenn auch einen recht schroffen – Ausdruck gab, hat sich heute im Geistesleben weitgehend eingestellt. Die Forderungen nach Bewusstseinserweiterung, die noch die Jahrzehnte davor (von den sechziger bis Anfang der neunziger Jahre) das Kultur- und Bildungsleben prägten (z. B. von C. Fr. von Weizsäcker formuliert), sind einem immer dumpferen Pragmatismus gewichen, der jedes über das bloß materielle Streben Hinausgehende zum Erliegen bringt. Dies hat nicht allein die vordergründig beklagten materiellen Gründe, vielmehr scheint der ökonomische Niedergang gerade durch das Fehlen innovativer Ideen bedingt zu sein.

In einer durchaus vergleichbaren Situation macht sich Rudolf Steiner an die Aufgabe, einen neuen Ausgangspunkt für ein geistiges und kulturelles Streben zu begründen. Eine «Verständigung des menschlichen Bewusstseins mit sich selbst» wird jenes Neue zu Tage fördern, mit dem er den Ausgangspunkt für die Errichtung der anthroposophisch orientierten Geisteswissenschaft begründet. Dieses Neue ist seine «Philosophie der Freiheit».

Wenn heute immer weitere Wellen der materialistischen Weltanschauung das Profil der geistigen Landschaft Europas einebnen und dabei auch vor Rudolf Steiners epochemachender Leistung nicht Halt machen, wird man dem nur mit einer radikalen Neubesinnung begegnen können. Von daher wird man den folgenden Kapiteln VIII bis XIV seines Buches «Mein Lebensgang», die von einer Standortsuche berichten, einiges Interesse entgegenbringen.

## 1. Vom Leben im Geistigen zu dessen gedanklichem Ausdruck – von der Idee zur geistigen Anschauung

Im 8. Kapitel schildert Rudolf Steiner sein 27. Lebensjahr. Er lebt ganz in der Konzentration auf die Einleitung in den zweiten Band von Goethes naturwissenschaftlichen Werken, die er zu schreiben hat, und ergänzt die Hinwendung zu einer geistgemäßen Naturanschauung, wie sie in Goethe lebt, indem er seine eigene Anschauung der geistigen Welt selbst in eine gedankliche Form bringen will. Dabei kann er in einem Kaffeehaus sitzen und, unbeeindruckt von dem Treiben um ihn her, in schärfster Konzentration sich seiner Aufgabe widmen. Sein Inneres stand dann in gar keinem Verhältnis zur Außenwelt, obwohl er doch andrerseits mit seinen Interessen in dieses Leben verflochten war. Und während sich die Interessen der ihn umgebenden Menschen den krisenhaften Problemen um die Nationalitäten Österreichs, die soziale Frage und die Verjüngung des Künstlerischen zuwandten, lebte in Rudolf Steiner die Einsicht, dass es notwendig sei, sich zuerst auf die geistigen Kräfte zu besinnen, um von da aus und nicht aus dem Alltagsbewusstsein die Lösungen für die anstehenden Fragen finden zu können.

Als ein bedeutender Anruf von aussen erscheint in diesem Jahr Robert Hamerlings satyrisches Epos «Homunculus». Eine künstliche Kreatur, eben der in Anknüpfung an Goethes Faust ausgestaltete Homunculus, wird in seinem ganzen Werdegang dargestellt. Homunculus (Muncel) verbindet sich bei Hamerling mit einem Nixenwesen, der Lorelei, und was beide erleben, steigert sich zu den groteskesten Bildern einer Existenz. Dass sogar delle Grazies Kreis durch Hamerlings Dichtung irritiert war, will etwas heißen, wenn man an die pessimistischen Schöpfungen delle Grazies denkt. Im 8. von 10 Bildern greift der Dichter Hamerling sogar die Stationen des christlichen Mysteriums auf, Homunculus wird, wie Christus, ans Kreuz geheftet:

> «Käme doch nur mein Erzeuger,»
> Dacht er, «um am Kreuz zu sehen
> Schmachvoll hier sein Meisterstück.»[9]

Der Mensch, wie er sich auf der einen Seite in seinen mechanistisch-materialistischen Vorstellungen und auf der anderen Seite in wesenloser Phantastik vom wahrhaft Menschlichen hinweg bewegt, ist für Rudolf Steiner das Thema und die prophetisch ernste Warnung Hamerlings. Auch heute liest man diese Satire durchaus mit Unbehagen, denn sie wirkt mit echten dichterischen Kräften, nicht mit bloß schriftstellerischer Sciencefiction, und zeigt kompromisslos, welche absurden Konsequenzen das naturwissenschaftliche Denken heraufbeschwört, wenn es mit einer materialistischen Vorentscheidung alle Beobachtungen deutet. Hamerlings Werk bietet für Rudolf Steiner eine Darstellung der den Geist verfinsternden Kräfte in der modernen Zivilisation, aber keinen zukunftsweisenden Weg. Dem Materialismus war es bis zu Hamerlings Zeit gelungen, den Idealismus in seiner geistigen Höhe unwirksam zu machen, ihn für die Zivilisation Europas weitgehend abzutöten.

Rudolf Steiner ist der Überzeugung, dass man durch das Tor des «*auf menschenwürdiger Höhe angekommenen Idealismus der Goethezeit*» (L, 94) in die Erfahrung der geistigen Welt eintreten kann. Aber wie kann dies in seiner Gegenwart gelingen, wenn die idealistische Geistwelt durch den Materialismus zerstört wurde? Wo liegen zudem die inneren Gründe des Scheiterns dieses Idealismus selbst, der in seiner Blütezeit bei Fichte und Hegel den Weg zur geistigen Anschauung nicht fand, vielmehr bei den Ideen stehen blieb?

Das erste musste also die Analyse dieses Stehenbleibens oder Scheiterns sein. In der Verkennung der wahrhaft künstlerischen Kräfte durch diese Idealisten sah Rudolf Steiner einen ersten Grund. Denn während sie die Schönheit in platonisierender Auffassung als sinnliches Scheinen der Idee auffassten, lebte in Goethe eine nahezu umgekehrte Schaffens- und Auffassungsart. Indem das künstlerische Schaffen davon ausgeht, «*was sinnlich wahrnehmbar ist*» (L, 95), es formt und umgestaltet, sodass das sinnlich Erscheinende sich zeigt, «*als ob das Geistige selbst dastehe*» (L, 95), ist der Ausgangspunkt am sinnlich Gestaltbaren, und der Bezug dazu ist eine geistig schöpferische Verfassung des Künstlers. Michelangelos Pietà ist also durch Formung und Umgestaltung des sinnlich Erfassbaren durch eine geistig gestaltende und umgestaltende Tätigkeit des Künstlers entstanden. Das Missverständnis der genannten Idealisten hängt an der Geringschätzung einer nicht präzise erfassten Wahrnehmungswelt, wie andererseits an der Unterschätzung der vom Künstler betätigten (geistigen) Formkraft. *«Nicht die Erscheinung der Idee in der Sinnenform ist das Schöne, so sagte ich mir, sondern die Darstellung des Sinnlichen in der Form der Kunst.»* (L, 95) Kein Vorgegebenes, auch nicht im Ideellen, ist massgebend, sondern das, was der Künstler hervorbringen, gestalten und zu immer höherer Erscheinung zu veredeln imstande ist.

Der wahre Künstler entfaltet seine schöpferische Tätigkeit zwischen dem Erfassen und Gestalten im weitesten Sinne und findet so den Keim des wahrhaft Schönen. Er gibt dem Stoff mit seinen Seelenkräften die Form der Kunst.

Es bedarf nun nur, so Rudolf Steiner, *«der Umwandlung derjenigen Seelenkräfte, die im Künstler an dem sinnlichen Stoff wirken, zu einem sinnenfreien, rein geistigen Anschauen, um in die Erkenntnis der geistigen Welt einzudringen»* (L, 96). Die Umwandlung betrifft die Seelenkräfte, die den Stoff («was sinnlich wahrnehmbar ist») fassen und formen («als ob das Geistige selbst dastehe»), aber nicht in der Form des bloßen Verstehens und Erkennens, sondern in der Schaffenspotenz alles Künstlerischen, das sich einem Stoff zuwendet, um ihn zu bilden. Dabei wird besonders das im sinnlichen Anschauen, in Phantasie und Imagination wirkende Willenselement in Betracht kommen. Bedeutet diese Kräfte frei zu nutzen in ein Anschauen der geistigen Welt hereinzuführen? Novalis hat diesen Erfahrungsbereich, der ihm durch das Erlebnis des Nachsterbens offenbar wurde, in vielen Fragmenten ausgedrückt: «Die Plastiker haben einen Stoß – die Musiker einen modifizierenden Körper – einen Anstoß nötig. Beide haben einen Anstoß – eine Berührung nötig. Die einen zum Gestalten – die Andern zum Bewegen. Wozu überhaupt ein Anfang? Theorie der Berührung – des Übergangs – Geheimnis der Transsubstantiation». (III, 383)[10]

Dass sich der wahre Künstler in seinem Ergreifen des sinnlichen Stoffs und in der unbefangenen Anwendung der geistigen Formkraft mehr oder weniger unbewusst zum Geist bekennt, dies ist einer der Wege, um mit dem Idealismus der Goethezeit allmählich in die geistige Welt einzudringen. Die anderen sind jene des Erkennens und des freien Wollens, die in diesem Kapitel nur gekennzeichnet und dann im Folgenden ausführlicher von Rudolf Steiner bedacht werden. Durch Einflüsse der kantisch geprägten Erkenntnistheorie und Sittlichkeitsauffassung versperrt, müssen auch das Erkennen und Wollen befreit werden. *«Es gliederte sich mir dazumal die wahre Erkenntnis, die Erscheinung des Geistigen in der Kunst und das sittliche Wollen im Menschen zu einem Ganzen zusammen.»* (L, 96) Dieses Ganze, in das man sich, durch den Hinweis Rudolf Steiners geleitet, hineinversetzen kann, deutet auf die Grundlage, die man bilden muss, um darauf stehen zu können (wahre Erkenntnis), auf das nicht subjektive, sondern sich in rhythmischem Austausch steigernde Künstlerische (die Erscheinung des Geistigen in der Kunst) und auf die höchste menschliche Schöpferkraft (das sittliche Wollen) hin.

Damit schwebt Rudolf Steiner anstelle des Homunculus, der in die beiden Abwege vereinseitigten und verbildeten Wesenheit, jenes Wesen des Menschen vor, das in seinem Persönlichsten in dreifacher Weise mit der Wirklichkeit verknüpft ist: *«Eine Philosophie der Freiheit, eine Lebensansicht von der geistdurstenden, in Schönheit strebenden Sinneswelt, eine geistige Anschauung der lebendigen Wahrheitswelt schwebte vor meiner Seele.»* (L, 96) Rudolf Steiner hat in der ersten Auflage seiner «Philosophie der Freiheit» auch von der künstlerischen Betätigung aus den Zugang zum Erkennen gesucht. In der zweiten verbirgt sich das künstlerische Zugangsmotiv in der Komposition. Dies hat Herbert Witzenmann dazu bewogen, seine Darstellung zur «Philosophie der Freiheit» nicht philosophisch oder philologisch, sondern wissenschaftlich-künstlerisch zu motivieren: «Die Philosophie der Freiheit als Grundlage künstlerischen Schaffens.»

Den zweiten Teil des Kapitels bilden die Schilderungen des Lebensumkreises Rudolf Steiners in der damaligen Zeit: eine Künstlersphäre, beginnend mit dem Haus des evangelischen Pfarrers Alfred Formey und dem so gegensätzlichen der Schauspielerin Wilborn, in dem die Kräfte des Künstlerischen vom erdflüchtigen bis weltfreudigen Empfinden ihren Platz haben. – Bezüglich der Nationalitäten vertrat Rudolf Steiner keine parteimäßige Lebensauffassung. Vielmehr interessierte ihn das Allgemein-Menschliche, *«der Entwicklungsgang der Kultur im Menschheitsfortschritt»* (L, 99) und ein *«die großen geistigen und menschheitlichen Ziele in sich schließender Zug»* (L, 99), der auch den Stil der tagespolitischen Schriftstellerei prägen soll. Man sieht, die seine Geburt in eine Atmosphäre des Allgemein-Menschlichen rückenden Kräfte entströmen jetzt seinem Wesen als seine eigenste Auffassung.

Ähnliches bewegt ihn auch gegenüber den theoretisierenden Sozialisten: *«Ich hielt dafür, dass gerade diese Frage* [die soziale] *nur von einer geistgemäßen Weltanschauung richtig gestellt werden könne.»* (L, 100) Zwar bleibt der Siebenundzwanzigjährige noch *«voller Fragen und Rätsel in Bezug auf das äußere Leben der Menschheit, aber das Wesen der Seele in ihrer Beziehung zur geistigen Welt stellt sich immer deutlicher vor sein Inneres»* (L, 100) hin, so dass er in die Richtung auf seine «Philosophie der Freiheit» hin lebt. In deren erste Fassung münden also drei Strebensrichtungen: *«So wollte ich durch das Anschauen des freien Wollens den Geist finden, durch den der Mensch als Individualität in der Welt ist. Durch die Empfindung des wahren Schönen wollte ich den Geist schauen, durch den der Mensch in der Welt wirkt, wenn er im Sinnlichen sich so betätigt, dass er sein eigenes Wesen nicht bloss geistig als freie Tat darstellt, sondern so, dass dieses sein Geistwesen hinausfließt in die Welt, die zwar aus dem Geiste ist, aber diesen nicht unmittelbar offenbart. Durch die Anschauung des Wahren wollte ich den Geist erleben, der sich in seinem eigenen Wesen offenbart.»* (L, 96)

Bringt man die soeben besprochene Bewegung des VIII. Kapitels, das die künstlerischen Kräfte betont, in eine kurze Zusammenfassung, an die man immer Weiteres anknüpfen kann, so lautet dieses, dass man die künstlerisch produktiven Kräfte der Menschenseele an ein Erleben des Geistigen heranführen kann, wenn sie sich, zunächst geistgemäß bildend, am sinnlichen Stoff betätigt und dann von ihm abgelöst zum sinnlichkeitsfreien Auffassungsorgan wird. Die produktiven Kräfte stehen also am Anfang. In den folgenden beiden Kapiteln wendet sich Rudolf Steiner dem Erkennen und daran anschließend dem Wollen und dem Sozialen zu, um auch darin den Zugang zu einer geistigen Welterfahrung zu finden.

## 2. Goethes Verständnis des Erkennens und Rudolf Steiners Strebensrichtung

Das IX. Kapitel kennzeichnet zunächst die eine Seite der dem Erkennen geltenden Tätigkeit Rudolf Steiners, der zweite Teil des Kapitels berichtet über eine Reihe eindrücklicher Menschenbegegnungen. Es ist das Jahr 1889, in dem Rudolf Steiner seine erste Reise nach Deutschland, nach Weimar an das Goethe-Archiv unternimmt. Seine Veröffentlichungen zur Goethe-Literatur innerhalb der Kürschnerschen «National-Literatur» waren Anlass der Einladung zur Mitarbeit an der neuen Weimarer Goethe-Ausgabe, in der auf den bisher unveröffentlichten Nachlass Goethes zurückgegriffen werden konnte. *«Eine Festeszeit meines Lebens»* (L, 101) nennt Rudolf Steiner diese erste Begegnung mit Weimar und der neuen Aufgabe, einen Teil der naturwissenschaftlichen Schriften herauszugeben. Dabei ergab sich vor allem ein deutlicherer Blick auf die Erkenntnisart Goethes. Was sich Rudolf Steiner bisher aus eigenen Studien an den edierten Werken dazu ergeben hatte, konnte durch die nun zugänglichen Handschriften präzisiert werden.

Der bereits hier verwendete Ausdruck «geistgemäß» meint ein Erfassen der Welt in der Art, wie man das Geistige selbst erfasst. Dies erfährt allmählich immer weitere Klärung. Rudolf Steiner hatte *«Goethes Erkenntnisart so aufgefasst, dass Goethe in der Anschauung lebte, der Mensch stehe zunächst mit seinem gewöhnlichen Bewusstsein dem wahren Wesen der ihn umgebenden Welt ferne»* (L, 102). Aus dem Ferne-Stehen sprosse der Trieb auf, *«vor dem Erkennen der Welt erst Erkenntniskräfte in der Seele zu entwickeln, die im gewöhnlichen Bewusstsein nicht vorhanden sind.»* (L, 102)

Goethe hat demgemäß vier Arten des Wissens im Menschen und seinem Verhältnis zur Außenwelt unterschieden: Die Nutzenden, die Wissbegierigen, die Anschauenden und die Umfassenden. Die Nutzenden und Wissbegierigen werden von ihrem Interesse geleitet und ergreifen, was sie vorfinden. Die Anschauenden und die Umfassenden machen dagegen schon von intuitiven Fähigkeiten Gebrauch, die man damals noch mit dem Ausdruck «produktive Einbildungskraft» bezeichnete. Der erkennende Abstand gegenüber der Außenwelt wird dadurch allmählich überwunden, da sich im Anschauen produktive Imagination, also Produktivität in der Art des Naturschaffens, nur in höherer Art, geltend macht. Durch dieses schöpferisch Menschliche gelingt es, auch im Erkennen den Abstand zu den Dingen zu überwinden.

*«Goethe ging von dem aus, was die niederen Stufen des Erkennens, die der «Nutzenden» und der «Wissbegierigen» erreichen. – Dem ließ er in sei-*

*ner Seele entgegenleuchten das, was in den Anschauenden und den Umfassenden dem Inhalt der niederen Erkenntniskraft durch produktive Seelenkräfte entgegenleuchten kann. Wenn er so mit dem niederen Wissen in der Seele in dem Lichte des höheren Anschauens und Umfassens stand, so fühlte er sich mit dem Wesen der Dinge vereinigt.»* (L, 102) Rudolf Steiner will auf diesen Erkenntnisgrundlagen Goethes weiterbauen. Goethes geistig produktive Vereinigung mit der Außenwelt gilt ihm dabei als die eine Seite eines Weges zum erkennenden Erleben im Geiste, welche im Erfassen der anderen Seite, dem Verhältnis des Menschen zu sich selbst, eine Ergänzung und Befriedigung finden müsse. Denn das intuitive oder in produktiver Einbildungskraft tätige Bewusstsein muss auf den Wirklichkeits- und Wahrheitsgehalt des von ihm Produzierten hin befragt werden. *«Was in dem vom Bewusstsein Produzierten diesem gegenübersteht, das musste durchschaut werden. Eine Verständigung des menschlichen Bewusstseins mit sich selbst müsse zuerst bewirkt werden.»* (L, 103)

Den ganzen Entwicklungsweg höherer Kräfte findet man später im Verlauf der seelischen Beobachtungen des Erkennens in den einschlägigen Kapiteln seiner «Philosophie der Freiheit»: den Trieb, Erkenntniskräfte in der Seele zu entwickeln im 2. Kapitel «Der Grundtrieb zur Wissenschaft», die Verständigung des beobachtenden und denkenden Bewusstseins mit sich selbst in dem Ausnahmezustand der Beobachtung des Denkens und so fort. Im zweiten Teil des Kapitels kommt Rudolf Steiner dann auf die weiteren Umstände seiner Reise nach Deutschland, seinen Besuch bei Eduard von Hartmann in Berlin und auf die Menschenbegegnungen in Wien nach seiner Rückkunft zu sprechen. Man fragt sich vielleicht, warum gewisse Persönlichkeiten, von denen er berichtet, so eindrücklich porträtiert werden. Der Gesichtspunkt, von dem er sich diesem Erleben nähert, ist durchaus interessant. Eines der hier gegebenen Beispiele verdient näher angeschaut zu werden. Rudolf Steiner hatte Eduard von Hartmann durch dessen Werke und durch eine ausführliche Korrespondenz schon kennengelernt, bevor er ihm nun persönlich gegenübertrat:

*«Ich durfte ein langes Gespräch mit dem Philosophen führen. Er lag mit aufgerichtetem Oberkörper, die Beine ausgestreckt, auf einem Sofa. In dieser Lage verbrachte er, seit sich sein Knieleiden eingestellt hatte, den weitaus größten Teil seines Lebens. Eine Stirne, die ein deutlicher Ausdruck eines kla-*

*ren, scharfen Verstandes war, und Augen, die in ihrer Haltung die innerlich gefühlte Sicherheit im Erkennen offenbarten, standen vor meinem Blicke. Ein mächtiger Bart umrahmte das Antlitz. Er sprach mit einer vollen Bestimmtheit, die andeutete, wie er einige grundlegende Gedanken über das ganze Weltbild geworfen hatte und dieses dadurch in seiner Art beleuchtete. In diesen Gedanken wurde alles sogleich mit Kritik überzogen, was an ihn von anderen Anschauungen herankam. So saß ich ihm denn gegenüber, indem er mich scharf beurteilte, aber eigentlich mich innerlich doch nicht anhörte. Für ihn lag das Wesen der Dinge im Unbewussten und muss für das menschliche Bewusstsein immer dort verborgen bleiben; für mich war das Unbewusste etwas, das durch die Anstrengungen des Seelenlebens immer mehr in das Bewusstsein herauf gehoben werden kann.»* (L, 104)

In seinen Vorträgen hat Rudolf Steiner wiederholt, wenn auch nicht mit denselben Worten, über das Erwachen am anderen Menschen gesprochen. In seinem Leben hat er dies selbst in der allerintensivsten Weise geübt. Im 5. Vortrag der «Geschichtlichen Symptomatologie»[11] heißt es dazu: *«Wer Kunst wirklich innerlich erlebt, der durchdringt sich mit etwas, das ihn befähigt, den Menschen nach einer gewissen Richtung (...) der menschlichen Bildnatur aufzufassen.»* (106). Und weiter: *«Sieht man hin auf den Menschen und sieht sein Haupt, so weist es einen zurück in die Vergangenheit.» «Wie das Haupt geformt ist, wie der Mensch geht, wird mit anderem inneren Anteil und mit anderem inneren Interesse geschaut werden, als es heute noch in den menschlichen Neigungen liegt. Denn man wird glauben, den Menschen nur dann seinem Ich nach kennenzulernen, wenn man eine solche Auffassung von seiner Bildnatur hat.»* (106)

In der Begegnung mit Eduard von Hartmann kommt es im Folgenden noch zu einem für Rudolf Steiner eindrücklichen Disput, da Rudolf Steiner die Vorstellung nicht von vorneherein als ein vom Wirklichen abgesondertes Unwirkliches verstanden wissen wollte. *«Eduard von Hartmann erwiderte: darüber ließe sich doch nicht streiten; es läge doch schon in der Wort-Erklärung der ‹Vorstellung›, dass in ihr nichts Reales gegeben sei. Als ich diese Erwiderung vernahm, bekam ich ein seelisches Frösteln.»* (L, 105) Auch bei der Weiterreise nach diesem ihm doch so wertvollen Besuch wiederholte sich bei den Erinnerungen daran das *«seelische Frösteln»* (L, 105).

Unter den festzuhaltenden Eindrücken im Wesen des anderen Menschen, betreffend seine Gestalt und Bewegung, seine Sprache, sein Atmen und Wollen, hebt Rudolf Steiner für das zuerst genannte und für das Ich des Begegnenden Betreffende hervor: *«Was man so sehen wird an dem Menschen, wenn man die menschlichen Formen und die menschlichen Bewegungen und alles, was damit zusammenhängt, als Bild des Ewigen erfassen wird, das wird einem warm oder kalt machen, das wird einen mit innerer Wärme oder mit innerer Kälte nach und nach erfüllen müssen, und man wird durch die Welt wandeln, indem man die Menschen sehr intim kennenlernt»* (114).

Auffällig ist diese intimere Menschenauffassung auch noch gegenüber Marie Lang, einer Frau mit mystisch-theosophischer Lebensauffassung, an der er ihre *«klangvoll-eindringliche Sprache»* (L, 106) und deren Gebärde hervorhebt. Im Grunde lassen sich bei den meisten der im «Lebensgang» deutlicher porträtierten Menschen Beispiele solcher Art des tiefsten mitmenschlichen Interesses studieren.

Ausführlicher kommt er dann noch auf eine Freundin von Marie Lang, Rosa Mayreder, zu sprechen, mit der er selbst intensiver bekannt und befreundet wurde. Sein Verhältnis war auch hier durch den Menschen, nicht durch die gleiche Weltanschauung und Empfindungsrichtung bedingt. Rosa Mayreder war *«ganz hingegeben an die Forderungen der unmittelbaren menschlichen Individualität und wendete den in dieser Individualität wirkenden geistigen Kräften nicht ihre Aufmerksamkeit zu»* (L, 107). Sie ist aber diejenige Persönlichkeit, mit der er in jener Zeit, als er in immer bestimmteren Formen an seiner «Philosophie der Freiheit» arbeitete, über diese Formen am meisten gesprochen hat. Man spürt bis in den Atem, wie ihn diese Begegnung berührt. *«Und oft hat im weiteren Leben in dankbarster Erinnerung vor meinem Geiste das eine oder das andere Bild der Erlebnisse gestanden von der Art wie ein Gang durch die herrlichen Alpenwälder, auf dem Rosa Mayreder und ich über den wahren Sinn der menschlichen Freiheit sprachen.»* (L, 107)

Zum Abschluss dieses zweiten Kapitels soll an das Fazit des ersten angeknüpft werden. Der künstlerisch veranlagte Mensch kann durch ein richtiges Verhältnis seiner schaffenden Kräfte zum sinnlichen Stoff und dann durch die Emanzipation dieser Kräfte von ihrem Bezug zur geistigen Anschauung fortschreiten. Der erkennende Mensch hat diese Kräfte in sich in der Art produktiver Imagination, diese kann ihn im Verein mit den basishaften Erkenntniskräften zu einer geistgemäßen Naturanschauung führen. Blickt er künstlerisch und mit echtem, sich ständig vertiefenden Interesse auf den anderen Menschen hin, dann erschließt sich ihm die geistige Natur der Begegnenden. Mit den künstlerischen und den Erkenntniskräften wird so auch schon ein Beitrag zu einem zukünftigen Sozialen entfaltet. Wichtig wird nun die andere Seite des Erkennens.

## 3. Das Leben im sinnlichkeitsfreien Denken – das Gewahrwerden der Idee in der Wirklichkeit

Auf seinen Lebensgang zurückblickend, stellen sich Rudolf Steiner *«die drei ersten Lebensabschnitte als ein in sich abgeschlossener Abschnitt dar»*. Äußerlich ist dieses Datum deutlich markiert, denn am Ende dieser Zeit siedelt Rudolf Steiner nach Weimar über, um dort am Goethe- und Schiller-Archiv zu arbeiten. Den Abschluss dessen, was seine Seele bis dahin erstrebt hatte, bildet sein Hinarbeiten auf seine «Philosophie der Freiheit».

Man erinnere sich noch einmal an Rudolf Steiners frühes Erleben des Kultus als Vermittlung zwischen der sinnlichen und der übersinnlichen Welt, wie er von frühester Zeit mit jener anderen, der übersinnlichen Welt, empfand, ohne ein Träumer zu sein. Von diesem Stehen im Geistigen geht seine Entwicklung durch die Schulzeit und das Studium dahin, sein Denken, seine Begriffe und Ideen so zu entwickeln, dass sie sein Leben im Geistigen wie dessen Zusammenhang mit dem Sinnlichen darzustellen vermögen.

Die Sinneswelt galt ihm nicht als wahre Wirklichkeit, dagegen *«die menschliche Seele, wenn sie in der Betätigung eines sinnlichkeitsfreien Denkens in dem geistigen Wesen der Welt darinnen steht»*. Es ist deutlich, dass Rudolf Steiner von der Sinneswelt und nicht von der bloßen Wahrnehmung spricht. Man kann nun Rudolf Steiners Hinweis *«dass der Mensch, indem er in diesem sinnlichkeitsfreien Denken lebt, auch wirklich sich bewusst in den geistigen Urgründen des Daseins befinde»* (L, 112), kaum anders verstehen, als dass Rudolf Steiner von der höchsten Geistigkeit, der Uroffenbarung aus, gleichsam den Zusammenhang mit der Sinnenwelt aufsucht: «*Erkennen war mir das Wiederfinden der durch die Seele erlebten Geistes-Inhalte in der wahrgenommenen Welt. Wenn jemand von Erkenntnisgrenzen sprach, so sah ich darin das Zugeständnis, dass er die wahre Wirklichkeit nicht geistig in sich erleben und sie deshalb auch in der wahrgenommenen Welt nicht wiederfinden könne.*» (L, 110)

In immer neuen Verdeutlichungsbewegungen geht Rudolf Steiner auf diese Überzeugung ein. «*Sinnlich wahrnehmend steht der Mensch vor der Welt als einer Illusion. Wenn aber aus seinem Inneren zu der sinnlichen Wahrnehmung das sinnlichkeitfreie Denken nachrückt, dann durchtränkt sich die Illusion mit Wirklichkeit... Dann trifft der in seinem Innern sich erlebende Menschengeist auf den Geist der Welt, der für den Menschen nun nicht hinter der Sinneswelt verborgen ist, sondern in der Sinneswelt webt und west.*» (L, 111) Rudolf Steiner, der selbst mit seiner Seele ganz im Geistigen lebt, bahnt so in seinem ersten Lebensabschnitt den Weg vom Geisterleben zum Welt- und Naturerleben. Das «sinnlichkeitsfreie Denken» macht ihn auf die ihm zugehörigen Objekte aufmerksam, die er nicht als bloße Schemen des Sinnlichen, sondern als Ideen, als Repräsentanten des Urgrundes des Weltdaseins auffaßt. Indem die Idee als Objekt des Denkens und zugleich als Wesen des in sinnenfälliger Anschauung Erscheinenden erkannt wird, wird «*das Gewahrwerden der Idee in der Wirklichkeit* (...) *die wahre Kommunion des Menschen*» (L, 112).

Rudolf Steiner antwortet mit seinen Darstellungen auf Anforderungen des Schicksals. Dieses veranlasste ihn dazu, den Erkenntnistheoretikern seiner Zeit ein anderes Verständnis des Erkennens entgegenzustellen. Bereits in seiner Auseinandersetzung mit Eduard von Hartmann über das Wesen der Vorstellung konnte man dies sehen. Die Vorstellung ist für Rudolf Steiner nicht generell wirklichkeitsfern, sondern der Ausdruck der Begegnung des ideellen mit dem individualisierenden Element der Wahrnehmung und damit der Erlebnisaufweis dafür, dass der Mensch «*erkennend in dem Wesen der Dinge steht*» und nicht im wesenlosen Bild. Ein Schritt weiter zeigt dann, dass die Natur geistig ist.

Darüber hinaus kommt es Rudolf Steiner auf die Kennzeichnung der Idee der Freiheit an. Denn handelt der Mensch nicht aus Instinkten, Trieben und Leidenschaften, sondern aus solchen, die sein sinnlichkeitsfreies Denken als moralische Intuition findet, dann ist ein solches Handeln frei.

Die formende Entwicklung der künstlerischen Kräfte am sinnlichen Stoff und in einem zweiten Schritt ein nicht sinnlich gestütztes Entfalten dieser Kräfte führt zum Geistigen hin. Goethes Erkenntnisart vereinigt produktive mit grundlegenden Erkenntniskräften und führt zu einer geistgemäßen Naturanschauung. Sie führt aber auch zu dem einen Teil des Erwachens am anderen Menschen durch ein tieferes Einlassen auf seine Eigenart. Die andere Seite des Erkenntnishorizontes wird in sinnlichkeitsfreiem Denken erfahren. Was darin als geistige Wirklichkeit aufgeht, kann im Horizont der Sinneswahrnehmung wiedergefunden werden. Dann findet eine echte Kommunion, ein Zusammengehen des Geistigen mit dem Sinnlichen statt, wie es der Knabe noch am Kultus erlebte. Damit beschließt Rudolf Steiner seinen ersten, drei Jahrzehnte umfassenden Lebensabschnitt.

## 4. Gewisse Orientierungen der Menschenseele – das Verhältnis zur Mystik

Mit dem *«Gewahrwerden der Idee in der Wirklichkeit»* und der Kennzeichnung der Impulse des freien Geistes als vom Denken ausgewählten Intuitionen hat Rudolf Steiner sein Bestreben zum Abschluss gebracht. Es wird nun für ihn wichtig oder notwendig, wie er sagt, zu gewissen Orientierungen der Menschenseele ein deutlich sprechendes Verhältnis zu gewinnen.

Was ist die Mystik (auf die er z. B. im Umkreis von Marie Lang traf) für eine Erlebensrichtung, wenn der erkennende Mensch im Erkenntnisvorgang auf den Geist der Welt trifft? *«Der Mystiker kam mir vor wie ein Mensch, der den Geist in den Ideen nicht schauen kann, und der deshalb an den Ideen innerlich erfriert.»* (L, 115) *«Ich sagte mir oft: wie verkennen doch die Mystiker die Wärme, die Seelen-Intimität, die man empfindet, wenn man mit geistdurchtränkten Ideen zusammenlebt. Mir war dieses Zusammenleben stets wie ein persönlicher Umgang mit der geistigen Welt gewesen.»* (L, 116)

Die mystischen Bestrebungen der verschiedenen Epochen der Bewusstseinsentwickelung – Rudolf Steiner nennt die Mystik der orientalischen Weisheit, die Mystik im Neuplatonismus, im christlichen Mittelalter und in den kabbalistischen Bestrebungen – konnten ihm daher nicht die geeigneten Ausdrucksformen für seine eigenen Forschungen zur Verfügung stellen. Statt dessen bediente er sich naturwissenschaftlicher Formen, da deren Ideen inhaltvoller waren, auch wenn ihr Inhalt materialistisch gedacht war. *«Ein gleiches schien mir bei dem Gebrauch von mystischen Formen unmöglich. Denn diese weisen im Grunde nicht auf das Wesenhafte außer dem Menschen, sondern sie beschreiben nur die subjektiven Erlebnisse im Menschen.»* (L, 118) *«Es bestand der Unterschied, dass in meiner Darstellung der Mensch sich hingibt und die äußere Geistwelt in sich zur objektiven Erscheinung bringt, während der Mystiker das eigene Innenleben verstärkt und auf diese Art die wahre Gestalt des objektiven Geistigen auslöscht.»* (L, 118)

Das vierte damit besprochene Kapitel (XI) handelt vom Mittelpunkt der Seele, dem Ich und den Beziehungen, die es eingeht. Wendet sich die Seele, um zum Geistigen zu gelangen, nur an sich selbst, sondert sie sich also ab von dem geistigen Zusammenhang, dann kann dies auch im Sozialen keine allgeistig menschliche Ausstrahlung bekommen.

In die Reihe der Schritte zur Wiederbelebung einer geistigen Kultur tritt zur Steigerung des Künstlerischen zu geistiger Anschauung, zur wahren Erkenntnis der natürlichen und der rein geistigen Welt, zum Erwachen an den Mitmenschen, zum Wiederfinden der Idee in der Wirklichkeit die Abwehr der mystischen Absonderungsbestrebungen der Menschenseele.

## 5. Goethes und Rudolf Steiners Geistesart und Seelenverfassung

Ähnlich wie das fünfte Kapitel Karl Julius Schröers Leben aufzeichnet und seine Geistesart entwickelt und implizit derjenigen Rudolf Steiners selbst gegenüberstellt, findet sich im XII. Kapitel eine ähnliche Vergleichung seiner Seelen- und Geisteshaltung mit Goethe, den Rudolf Steiner sich zum ständigen Vorbild wählt. *«So erlebte ich durch meine Goethe-Arbeit den Unterschied einer Seelenverfassung, der sich die geistige Welt gewissermaßen wie gnadevoll offenbart, und einer solchen, die Schritt vor Schritt das eigene Innere immer mehr dem Geiste erst ähnlich macht, um dann, wenn die Seele sich selbst als wahrer Geist erlebt, in dem Geistigen der*

*Welt darinnenzustehen.»* (L, 121) Mit der ersten Art ist er selbst, mit der zweiten Goethe in seinem Werdegang beschrieben. Die Seele, welche nicht durch Absonderung den Weg zum Geist sucht, kann als echtes Wesensglied das Geist-Selbst herausarbeiten. Unter diesem Aspekt hat Rudolf Steiner auch dieses XII. Kapitel gestaltet. Man könnte es das Goethe-Kapitel des ganzen Buches nennen.

Mehr als ein Jahrzehnt benötigt Rudolf Steiner, wie er bekennt, für die Darstellung von Goethes naturwissenschaftlichen Ideen in den Einleitungen der Kürschner-Ausgabe. Dies lag an den Schwierigkeiten der naturwissenschaftlichen und der mystischen Ausdrucksart. Während Rudolf Steiner Goethes Stellung zur Naturwissenschaft in die rechte Ideengestaltung zu bringen versuchte, wollte er auch in *«Formen dessen weiterkommen, was sich ihm als geistige Erlebnisse in der Anschauung der Weltvorgänge vor die Seele gestellt hatte»* (L, 122). So lebte Rudolf Steiner in einer ständigen Hin- und Herbewegung zwischen diesen beiden Betätigungen, die sich gegenseitig befruchteten, ihn selbst aber wegen des Goetheschen Naturells zur Langsamkeit und Gründlichkeit anhielten. Denn Goethe hatte eine Abneigung gegen intellektuelle Abstraktion, gegen alles Denken «über», was die Weite der Erfahrungsgrundlage und den «unermesslichen Reichtum der Wirklichkeit» (L, 120) verkürzt, um zu einer raschen Überschau zu gelangen. *«Ich musste mir fast bei jeder Einzelheit, die ich in Bezug auf Goethe zu interpretieren hatte, immer wieder die Methode erobern, über Goethe in Goethes Art zu sprechen»* (L, 120). Denn in anderer Weise glaubte er dieser Geistesart nicht gerecht werden zu können. *«Meine Darstellung von Goethes Ideen war ein Jahre lang dauerndes Ringen, Goethe durch die Hilfe der eigenen Gedanken immer besser zu verstehen.»* (L, 120) Die eigene Entwicklung Rudolf Steiners ging dadurch viel langsamer vor sich, als wenn die Goethe-Aufgabe sich schicksalsmässig *nicht* ergeben hätte.

Rudolf Steiner verwendet den bedeutsamen Satz, er *«wäre schneller in die geistige Welt hineingerissen worden»* (L, 121), hätte *«aber keine Veranlassung gefunden, ringend unterzutauchen in das eigene Innere»* (L, 121). Mit der ringenden Vertiefung in das eigene Innere verdankt er der Goethe-Arbeit die Freiheit im Geistigen, die durch eine entsprechende Verbindung mit dem eigenen Wesen möglich wird. *«Indem ich auf dieses Ringen zurückblicke, muss ich mir sagen: ich verdanke ihm viel für die Ent-*

*wicklung meiner geistigen Erkenntnis-Erlebnisse.»* (L, 121) Es war ein ständiges gegenseitiges und wechselseitiges Befruchten der Tätigkeitsfelder, deren eines, die Anschauung des Geistigen, sich Rudolf Steiners eigenem Seelentrieb, deren anderes, die geistgemäße Naturanschauung und Erkenntnistheorie er der von außen an ihn herangekommenen Goethearbeit verdankt: *«Ich mußte die beiden Strömungen, die in meinem Bewusstsein sich begegneten, in diesem zur Harmonie bringen.»* (L, 122) – In seinen Exkursen in das Gebiet des Markusevangeliums (Berlin, 1910 und 1911, besonders im Vortrag vom 19. Dezember 1910) erläutert Rudolf Steiner die in ihm selbst und die in Goethe zum Ausdruck kommende Art der Wege zur Einweihung, indem er die Einweihung Zarathustras als jene, Träger einer höheren Wesenheit zu werden, derjenigen des Buddha, die schrittweise durch Seelenentwicklung zum Geistigen aufsteigt, einander gegenüberstellt. Diese beiden geschichtlichen Einweihungsformen deren eine sich gleichsam in die geistige Welt entäußert, und deren andere durch ein Hineinsteigen in die Tiefen der menschlichen Wesenheit sich vollzieht, führt Rudolf Steiner hier in seinem Wesen zusammen, indem er die beiden Strömungen, die sich in seinem Bewußtsein begegnen, zur Harmonie bringt.

Wie das Schicksal im Menschenleben wirkt, konnte Rudolf Steiner sich an seinem eigenen Lebensgang veranschaulichen: *«Das Schicksal setzt sich zusammen aus zwei Tatsachengestaltungen, die im Menschenleben zu einer Einheit zusammenwachsen. Die eine entströmt dem Drange der Seele von innen heraus; die andere tritt von der Außenwelt her an den Menschen heran.»* (L, 122)

Ein deutlicheres Eingehen auf seine eigene Aufgabe ist die *«Verständigung des menschlichen Bewusstseins mit sich selbst»*. Man erinnere sich der merkwürdigen Äußerung des Sechzehnjährigen über die psychologische Freiheit, die er gegen seinen Deutschlehrer verteidigt: *«Die psychologische Freiheit gibt es schon, es gibt nur keine transzendentale Freiheit im gewöhnlichen Bewusstsein.»* (L, 28) Die psychologische Freiheit betrifft das wollende und handelnde Bewusstsein, *«wenn der Mensch im Tun seine Freiheit empfindet»*. Das *«Zusammentreffen der wahren Wirklichkeit der äußeren Welt mit der wahren Wirklichkeit im Innern der Seele muss für das erkennende Bewusstsein in emsiger geistiger Innentätigkeit errungen werden»* (L, 122). Das eigene wahre Sein des Menschen, das *«echte Selbstbewusstsein»* ist nicht von vornherein gegeben, der Mensch muss es sich erst nach einer *«Verständigung seines Bewusstseins mit sich selbst erringen»* (L, 122), erst dann kann er zu jener höchsten, transzendentalen Freiheit des Menschen fortschreiten, die er in einem Jugendbrief[12] auch ein *«Zusammengehen mit dem Absoluten»* nennt.

Auch an dieser Stelle wollen wir wieder an die Reihe erinnern. Um aus dem von Hamerling diagnostizierten Zustand heraus- und durch das Tor des menschenwürdigen Idealismus in die geistige Welt hineinzufinden, bedarf es der besonderen Sorgfalt für die produktiven, die künstlerischen wie die erkennenden Kräfte der Menschenseele. Diese werden zunächst durch den Gegenstandsbezug einer geistigen Formung des sinnlichen Stoffes geschult, um in einem weiteren Schritt davon gelöst zu werden. Das Erkennen führt dazu, die Natur als geistig zu erleben und in der Zuwendung zur rein geistigen Welt die Standfestigkeit nicht zu verlieren. Goethes Langmut verhilft Rudolf Steiner durch seine Nötigung zur Vertiefung in das eigene Innere zu dieser Verständigung des menschlichen Bewusstseins mit sich selbst, auch wenn Goethe selbst nicht das Bedürfnis hatte, dem Denken erlebend gegenüberzutreten.

Innerhalb des XII. Kapitels nimmt noch das Thema von Goethes Märchendichtung einen größeren Raum ein. Weiter unten wird davon noch die Rede sein.

## 6. Lebensschilderungen

Zu den vielleicht interessantesten Kapiteln des ganzen Buches gehört das nun folgende XIII, das oberflächlich gesehen nur die Wiedergabe von Reiseerlebnissen und eine ganze Reihe von Lebensbegegnungen beinhaltet, im Grunde aber den ganzen Fragenhorizont abschließt, der mit Hamerlings Zivilisationskritik als Frage nach einem neuen Weg zur Wirklichkeit einsetzt. Die Anforderung ist bei diesem Kapitel eine andere als bei der gerade vorangegangenen Schilderung. Während man bei den begrifflich ideellen Darstellungen zur Anschauung ihres Gehaltes im eigenen Denken und weiter zur übersinnlichen Anschauung gelangen kann, geht es in diesen anschaulichen Teilen der Lebenserzählung darum, ihren eigentlichen Begriff zu finden, der sie nicht als im Grunde überflüssige, allenfalls stoffliche Illustration des sonst Aufgeführten erscheinen lässt. Hier, wie bereits in den früheren Schilderungen solcher Art, wird man immer mit Gewinn innehalten, wenn man über Rudolf Steiners Erzählfreude staunen kann und sich zugleich fragt, warum er das für seinen Lebensgang für mitteilenswert hält, was er gerade erzählt.

Als größter Gegensatz zum XII. Kapitel könnten schon die Darstellungen der ersten drei Abschnitte des XIII. aufgefasst werden. Rudolf Steiner spricht von den sich immer deutlicher ankündigenden Krisenerscheinungen des alten Österreich, von den Idealen, die in diesem Niedergang in den besten Gemütern seiner Zeitgenossen erwachsen. In der Goethezeit war *«ein Höhepunkt der abendländischen Kulturentwickelung erreicht. Nachher wurde er nicht festgehalten. Das naturwissenschaftliche Zeitalter mit seinen Folgen für das Menschen- und Volksleben bedeutet einen Niedergang. Zu einem weiteren Fortschreiten bedürfe es eines ganz neuen Einschlages von der geistigen Seite her»* (L, 126). Was bedeutet diese merkwürdige Auskunft über *«einen ganz neuen Einschlag von der geistigen Seite her»*? Es ist hilfreich, der Darstellung noch einen Moment zu folgen.

*«Es lässt sich in den Bahnen, die bisher im Geistigen eingeschlagen worden sind, nicht fortgehen, ohne zurückzukommen. Goethe ist eine Höhe, aber auf derselben nicht ein Anfang, sondern ein Ende. Er zieht die Folgen aus einer Entwickelung, die bis zu ihm geht, in ihm ihre vollste Ausgestaltung findet, die aber nicht weiter fortgesetzt werden kann, ohne zu viel ursprünglicheren Quellen des geistigen Erlebens zu gehen, als sie in dieser Entwickelung enthalten sind. – In dieser Stimmung schrieb ich an dem letzten Teil meiner Goethe-Darstellungen.*

*In dieser Stimmung lernte ich Nietzsches Schriften zuerst kennen.»* [«Jenseits von Gut und Böse»] (L, 126/7)

Rudolf Steiner hebt also auch stilistisch hervor, dass er mit dem Thema *«eines ganz neuen Einschlages von der geistigen Seite her»* (L, 126) das Auftreten des Phänomens Nietzsche irgendwie verknüpft sieht. In Nietzsche, über den noch im Zusammenhang mit der Besprechung einer nächsten Kapitelfolge, besonders in Anknüpfung an das 18. Kapitel ausführlicher gesprochen werden soll, arbeitet sich die Sehnsucht nach einem neuen Zivilisationsprinzip an die Oberfläche, und er ist gerade deshalb einer der tragischsten Menschen, weil er, indem er diesem

Neuen entgegenleben will, aber nicht in der Lage ist, ihm in geistiger Anschauung gerecht zu werden, dem Gegengeistigen zuletzt den deutlichsten Ausdruck gibt.

Auch die sich nun anschließende Schilderung einer Reise nach Ungarn und Siebenbürgen ist mit dem Motiv der Erwartung eines neuen Einschlages für die Menschheit verbunden. Merkwürdig ist, welche Momente dieser Reise Rudolf Steiner für seine Autobiographie festhält. So berichtet er unter anderem: «*Ich musste in einem Grenznest zwischen Ungarn und Siebenbürgen übernachten. Ich saß in einer Gaststube die halbe Nacht. Außer mir war nur noch ein Tisch mit Kartenspielern. Da waren alle Nationalitäten beisammen, die in Ungarn und Siebenbürgen damals gefunden werden konnten. Menschen spielten da mit einer Leidenschaftlichkeit, die in Zeiten von einer halben Stunde sich immer überschlug, so dass sie wie in Seelenwolken sich auslebte, die sich über den Tischen erhoben, sich wie Dämonen bekämpften und die Menschen vollständig verschlangen. Welche Verschiedenheit im Leidenschaftlich-Sein offenbarte sich da bei diesen verschiedenen Nationen!*» (L, 128/9) Er erzählt dann, wie er am Weihnachtstag nach Hermannstadt kam und was er mit den Siebenbürger Sachsen, einem seinem Deutschtum treu gebliebenen, aber seelisch weltfremd gewordenen Volkstum erlebt. Was ist das Motiv dieser merkwürdigen Erzählung «*vom Schicksal zugetragener Reisen*» (L, 129)? Ist es, dass sich die Auseinandersetzungen des Weltkrieges in dieser Leidenschaftlichkeit und selbst verursachten Dämonisierung ankündigen? Ist es die Aussichtslosigkeit des Ringens dieser Völker ohne einen neuen Einschlag?

Man sieht, Rudolf Steiner ist in seiner Darstellung nun von den künstlerischen über die erkennenden zu den sozialen Kräften übergegangen, jener Dreiheit, der seine «Philosophie der Freiheit» gilt.

Bei seiner Rückkunft wurde Rudolf Steiner ein gerade außerordentlich populär gewordenes Buch: «Rembrandt als Erzieher» ein Buch, das sich, so Rudolf Steiner, «*ganz auf der Oberfläche sich geistreich gebender Gedanken hält und das in keinem Satze mit den wahren Tiefen einer menschlichen Seele zusammenhing*» (L, 130), von allen Seiten als Ausdruck des «*Aufkommens eines ganz neuen Geistes*» (L, 130) angepriesen. Für ihn, der selber 15 Jahre lang als Erzieher gearbeitet hatte, war dieses Unverständnis seiner Umgebung besonders schmerzlich. Im Zusammenhang seiner Erzählung über die letzte Phase seines ersten Lebensabschnittes und diese Zeit in Wien wird es ihm aber zum Anlass, noch einmal sehr eindrücklich auf seine Erziehertätigkeit bei der schon erwähnten Familie einzugehen.

Was bedeutet nun das besondere Eingehen auf einen einzelnen Menschen und eine Familie für den Fortgang der Darstellung und für die Frage eines neuen Einschlages für die Menschheit? Er spricht noch einmal von seinem freundschaftlich nahen Verhältnis zu der Mutter der vier Knaben, die er in der Familie zu unterrichten hatte. *«Mir stand in dieser Frau eine eigenartig schöne Menschenseele gegenüber»* (L, 131). *«Meinen wissenschaftlichen und sonstigen Arbeiten brachte sie die größte Aufmerksamkeit entgegen. Es war eine Zeit, wo ich das tiefste Bedürfnis hatte, alles, was mir naheging, mit ihr zu besprechen. Wenn ich von meinen geistigen Erlebnissen sprach, da hörte sie in einer eigentümlichen Art zu. Ihrem Verstande waren die Dinge zwar sympathisch, aber er behielt einen leisen Zug von Zurückhaltung; ihre Seele aber nahm alles auf.»* (L, 131)

Rudolf Steiner hat also eine Persönlichkeit gefunden, mit deren Seele er in einen echten Austausch über sein Erleben des Geistigen treten kann. Das soziale Erwachen am Anderen ist nun nicht nur ein einseitiges, vielmehr ein wechselseitig sich steigerndes Austauschgeschehen.

Merkwürdig ist noch jener Wesenszug der Frau, auf den Rudolf Steiner noch im weiteren Verlauf des Kapitels zu sprechen kommt: *«Sie denkt instinktiv medizinisch.»* (L, 131)

Es geschieht nun etwas durchaus Symptomatisches. Die Familie ist eine jüdische, und Rudolf Steiner veröffentlicht im Zusammenhang des Erscheinens von Hamerlings «Homunculus» einen Aufsatz, in dem er sich, wie er glaubte, *«ganz objektiv über die Stellung des Judentums»* (L, 132) aussprach. Man sieht nebenbei, bis hierher geht wie in einer Rahmengestaltung das Hamerling-Motiv. Jetzt muss man eine implizite Antwort auf das vergebliche, nur analytische Mahnen Hamerlings erwarten. Der Vater der Familie, in dessen Haus Rudolf Steiner als Erzieher arbeitete, nahm nun diesen Aufsatz *«als eine besondere Art des Antisemitismus»* (L, 132) auf. Er hielt Rudolf Steiner entgegen: *«Was Sie da über die Juden schreiben, kann gar nicht in einem freundlichen Sinne gedeutet werden; aber das ist es nicht, was mich erfüllt, sondern dass Sie bei dem nahen Verhältnis zu uns und unseren Freunden die Erfahrungen, die*

*Sie veranlassen, so zu schreiben, nur an uns gemacht haben können.»* (L, 132/3) Lakonisch merkt Rudolf Steiner an: *«Der Mann irrte; denn ich hatte ganz aus der geistig-historischen Überschau heraus geurteilt; nichts Persönliches war in mein Urteil eingeflossen.»* (L, 133)

Was bedeutet nun diese geistig-historische Überschau und was die Mitteilung dieser Episode an diesem Ort? Handelt nicht auch die Geschichte des Judentums von einem neuen Einschlag oder wenigstens von der Erwartung eines solchen?

Es gibt eine merkwürdige Entsprechung zu diesem ganzen Themenkomplex, die sich im Vortragswerk Rudolf Steiners findet. Dabei ist nicht so sehr oder wenigstens nicht in erster Linie das Thema der Stellung des Judentums gemeint, sondern jener gesamte biographische Verlauf im Leben Rudolf Steiners, der sich von dem Thema des weltschaffenden Geistes in seiner Arbeit mit Goethe, der geistgemäßen Naturanschauung, über die in ihm selbst veranlagte «Verständigung des menschlichen Bewusstseins mit sich selbst», über die Stellung der mystischen Orientierungen der Menschenseele, über das Vielvölkertum, seine Leidenschaftlichkeit und das dämonische Verschlungenwerden der Menschen darin bis zu den Gesprächen mit der Mutter des entwicklungsbehinderten Knaben und schließlich dem Motiv einer «geistig historischen Überschau» des Judentums ergibt.

Die merkwürdige Entsprechung, wenn auch nicht in dieser Reihenfolge, sondern in einer gewissen Umkehrung vorkommend, ergibt sich, wenn man in den Vorträgen über das fünfte Evangelium, die Rudolf Steiner u. a. 1913 in Kristiania (Oslo) gehalten hat, die Zusammenfassung der Erlebnisse des Jesus von Nazareth um das 30. Lebensjahr, also unmittelbar vor der Jordantaufe, anschaut. Rudolf Steiner spricht davon besonders im 4. und 5. Vortrag seines in Kristiania, Oslo, gehaltenen Zyklus (5. und 6. Oktober 1913).

Selbstverständlich muss man sich den ganzen Zyklus vor die Seele stellen, wenn man den damit gegebenen Hinweisen weiter nachgehen will. Rudolf Steiners Bericht in den genannten Vorträgen laufen auf ein Gespräch zu, das Jesus von Nazareth mit der Mutter führte. In diesem Gespräch, das Rudolf Steiner als *«eine Art Generalbeichte»* (56) bezeichnet, versucht diese Mutter den Jesus von Nazareth mit all dem zu erheben und zu trösten, was er seit seinem 12. Lebensjahr erlebt hat.

Doch Jesus erwiderte: *«Das mag alles sein. Ob durch mich oder durch einen Anderen heute erneuert werden könnten all die alten, herrlichen Geistesschätze des Judentums, was hätte das alles für eine Bedeutung für die Menschheit? Es ist im Grunde doch alles bedeutungslos, was in solcher Art zu Tage tritt. Ja, wenn es heute eine Menschheit gäbe um uns herum, die Ohren hätte, den alten Propheten noch zuzuhören, dann wäre es für diese Men schen nützlich, wenn erneuert werden könnten die Weisheitsschätze des alten Prophetentums». «Es ist nichts mehr für die Erde, diese Kunde des alten Judentums, denn die alten Juden sind nicht mehr da. Das muss als etwas Wertloses auf unserer Erde angesehen werden».* Und: *«Wenn auch alle die alten Mysterien vereint würden, und alles das hineinflösse, was einstmals groß war: es sind, dies zu vernehmen, die Menschen nicht mehr da». «Heute würde sich das verkehren in dämonisches Wesen. Und ein drittes sprach er zu seiner Mutter. Es können doch nicht alle Menschen Essäer werden. Wie recht hatte doch Hillel, als er die Worte sprach: ‹Sondere dich nicht von der Gemeinschaft ab, sondern schaffe und wirke in der Gesamtheit. So machen es aber die Essäer; sie sondern sich ab von den Menschen die dadurch unglücklich sein müssen.›»* [13]

Die Eigenwelt der mystischen (theosophischen) Seelenorientierung, der Niedergang der kulturellen Blüte der Goethe-Zeit unter dem Heraufziehen des Materialismus (und damit die Stagnation des Deutschtums) und die Zersplitterung der Völker und ihr Dämonisch-Werden sind die Umstände, unter denen Rudolf Steiner gegen das Ende seines ersten Lebensabschnittes *«auf einen neuen Einschlag von der geistigen Seite»* vorbereitend hinarbeitet. Dies tut er, indem er die Quellen der künstlerischen Produktivität, des wahren Erkennens und von individuellem Geist getragenen Handelns in seiner «Philosophie der Freiheit» zusammenströmen lässt. Ihnen entspricht, bis in Anklänge der Wortwahl und der Bildlichkeit die Schilderung jener Erlebnisse des Jesus von Nazareth, die er im Gespräch mit seiner Mutter zusammenfasst: die Unmöglichkeit des Judentums zu seiner Zeit, an die hohe Offenbarung der mosaischen Schöpfungsgeschichte und die Offenbarungen der Propheten anzuknüpfen, die Mysteriendekadenz und Wirksamkeit der Dämonen an den Kultstätten der Heiden und die Absonderung der Essäer. Für die allgemeine Menschheit schieden damit die Wege der Juden, der Heiden und Essäer, einen Zusammenhang mit der höheren geistigen Welt zu bringen, aus.

Was sich so aus der Seele des Jesus von Nazareth losrang, ergoss sich in die Seele der Mutter und verwandelte diese von Grund auf. Jesus bewegte sich durch einen letzten Entschluss aus dem Hause fort zu Johannes dem Täufer, um von ihm die Taufe zu erlangen. *«Und dann fand jenes Ereignis statt, das ich öfter beschrieben habe als die Johannes-Taufe im Jordan. ... Hinein senkte sich die Christus-Wesenheit in diesen Leib»* (62).

Hat Rudolf Steiner diesen Zusammenhang schon geschaut, als er *«aus geistig-historischer Überschau»* in seinem Aufsatz zu Hamerlings «Homunculus» über die Stellung des Judentums sprach, worüber *«der Mann irrte»*? Deutlich ist aber nunmehr, dass es auch in dieser mitgeteilten Episode um einen neuen Einschlag geht, der am Beispiel dieses früheren auf ein Zukünftiges verweist.

Auf die Frau, die Mutter des Knaben, diese *«in ihrer Art bedeutende Frau»* die *«als bedeutende Erscheinung»* in seinem Leben steht, kommt Rudolf Steiner noch einmal zu sprechen. Die folgende Episode hilft vielleicht, ihr Wesen zu verstehen. *«Meine Freundin war mit Dr. Breuer von Jugend an befreundet. Vor mir steht da eine Tatsache, die mir viel zu denken gegeben hat. Diese Frau dachte in einer gewissen Richtung noch medizinischer als der so bedeutende Arzt. Es handelte sich einmal um einen Morphinisten. Dr. Breuer behandelte ihn. Die Frau sagte mir einmal das Folgende: ‹Denken Sie sich, was Breuer getan hat. Er hat sich von dem Morphinisten auf Ehrenwort versprechen lassen, dass er kein Morphium mehr nehmen werde. Er glaubte damit etwas zu erreichen; und er war entrüstet, als der Patient sein Wort nicht hielt. Er sagte sogar, wie kann ich jemand behandeln, der sein Wort nicht hält. Sollte man glauben – so sagte sie –, dass ein so ausgezeichneter Arzt so naiv sein könne? Wie kann man etwas ‹in der Natur› so tief Begründetes durch ein Versprechen heilen wollen?› – Die Frau braucht doch nicht ganz recht gehabt zu haben; des Arztes Ansichten über Suggestionstherapie können da zu seinem Heilungsversuche mitgewirkt haben.»* (L, 1 34/5) Es wird wohl nicht nur eine Redewendung gewesen sein, wenn Rudolf Steiner diese Denkungsart der Frau viel zu denken gegeben hat. Denn auch der Hinweis auf die Suggestionstherapie erinnert an die in der Zeit des Judentums übliche suggestive Heilmethode, in die dann der Christus-Jesus, als sein heilendes Wirken begann, die Ansprache an das innere Wesen des Menschen hineinbrachte, indem er am Teich Bethesda den über 38 Jahre lang Kranken fragte, «Möchtest du gesund werden?» und er auf dessen Bejahung sprach: «Steh auf, nimm Dein Bett und geh». (Johannes, 5, 1–9)[14] Außerdem ist auch die Redeweise *«die Frau»* und andere Stilelemente dieses Abschnitts der biblischen Atmosphäre, etwa den Erzählungen der Hochzeit von Kanaan («Was habe ich mit dir gemeinsam, Frau?» Johannes 2, 1–11) angenähert.

Wenn Rudolf Steiner andernorts sagt, man begegne in diesem mittleren Lebensabschnitt den Eltern voriger Lebensläufe, so ist die Begegnung mit einem mütterlichen Wesen, was ihm in dieser Zeit am intensivsten mit der Seele Gehör schenkt, etwas Besonderes. Daß diese Persönlichkeit nicht an ein Wunder der Verwandlung aus dem Geist glauben kann, stimmt dazu, und muß aus eigenen Anstrengungen überwunden werden.

## 7. In der Verständigung des menschlichen Wesens mit sich selbst – eine neue, tätige Offenbarung

Von dem letzten hier zu besprechenden Kapitel XIV, in dem Rudolf Steiner von seiner philosophischen Doktorprüfung und dem Beginn seiner Arbeit am Goethe- und Schillerarchiv und den dortigen Gelehrten erzählt, soll abschließend ein Aspekt herausgehoben werden, um darin den Abschluss dieser ganzen Gedankenbewegung sichtbar zu machen. Diese Dissertation, die unter dem Thema «Wahrheit und Wissenschaft, eine Verständigung des menschlichen Bewusstseins mit sich selbst», zum Inhalt hat, legt Rudolf Steiner in Rostock dem Philosophen Heinrich von Stein vor. Dessen Werk «Sieben Bücher Platonismus» war Rudolf Steiner zuvor bekannt geworden. Heinrich von Stein geht darin, nachdem er in den ersten Kapiteln die platonische Weltanschauung dargestellt hat, zu dem Hereinbrechen der Christusoffenbarung in die Entwicklung der Menschheit über. Dieses reale Hereinbrechen geistigen Lebens stellt er als das Höhere hin gegenüber dem Erarbeiten eines Denkinhaltes durch die bloße Philosophie.

Über dieses Thema hätte sich Rudolf Steiner gerne mit Heinrich von Stein anlässlich des Gespräches zu seiner Arbeit «über eine Verständigung des menschlichen Bewußtseins mit sich selbst» ausgetauscht. Doch

Stein wählte die Prüfungsfragen aus dem Bereich der kantischen Philosophie, und so blieb Rudolf Steiners Auffassung über die Möglichkeit eines unmittelbaren Erfassens des Christusereignisses unausgesprochen: *«Stein ist der Meinung, dass die Offenbarung von außen dem menschlichen Weltanschauungsstreben seinen Inhalt gegeben habe. Da konnte ich mit ihm nicht mitgehen. Mir war Erlebnis, dass die menschliche Wesenheit, wenn sie sich zur Verständigung mit sich selbst im geist-lebendigen Bewusstsein bringt, die Offenbarung haben könne, und dass diese dann im Ideen-Erleben Dasein im Menschen gewinnen könne.»* (L, 137)

Das Kapitel «Das Erkennen der Welt» und überhaupt die ganze «Philosophie der Freiheit» Rudolf Steiners trägt zu diesem Thema später Entscheidendes bei. Es erläutert auf der einen Seite die durch einen subjektiven Akt bedingte Einschränkung des Menschenwesens (seine Vertreibung aus dem Paradies) und spricht dann davon, daß wir in unserem Wesen *«eine schlechthin absolute Kraft zum Dasein kommen sehen»* (P 63), mit deren Hilfe wir uns wieder in das allgemeine Weltensein hineinstellen können. In der Anschauung dieser all-einen Kraft des Denkens, welche der Gang des Werkes als Ausnahmezustand des Bewußtseins zu verwirklichen empfiehlt, erlebt der Mensch die Freiheit der Christuskraft als Innenoffenbarung seines denktätigen Subjekts. Die Offenbarung des Christusereignisses ist also auf dem Weg der seelischen Beobachtung der «Philosophie der Freiheit» zu erreichen. In weiterem Sinn kann dies aber auch bedeuten, dass die Verständigung des Menschenwesens mit sich selbst im «geist-lebendigen Bewusstsein» eines Austauschs mit einem anderen Menschen zustande kommen kann und dass darin sich das christliche Mysterium insofern aktuell und von innen heraus bewahrheitet, als es das vom Menschen selbst gewebte Band zu den Dingen und zwischen den Menschen darstellt. «Nicht ich, sondern der Christus in mir», heißt dann, dass in der sich nicht absondernden Menschenseele das universelle Ich im individuellen Ich lebt und damit nicht dessen Freiheit widerspricht, und dass umgekehrt die individuelle Freiheit nicht nur mit dem Christusimpuls verträglich, sondern dessen Ausdruck in der Seele ist.

Damit hat Rudolf Steiner den neuen Einschlag von der Suche nach den Gründen des Scheiterns des Idealismus, über die Erneuerung des Künstlerischen, die Erkenntnis der Geistigkeit der Natur, das sinnlichkeitsfreie Denken bis zu dem höchsten Erlebnis gesteigert, das in der Verständigung des menschlichen Bewusstseins mit sich selbst (auch im Dialog mit einem offenen Menschen) zur höchsten aktuellen Erfahrung aufsteigt. Damit knüpft das mit Goethe und später Nietzsche verbundene Lebensmotiv Rudolf Steiners in dieser Epoche, nach dem aristotelisch-scholastischen Überwiegen der Schüler- und Jugendzeit, wieder an das Motiv des Christus-Jesus-Erlebens an. Die Übereinstimmung der Bezüge kann man so verstehen, dass mit Rudolf Steiner ein Mensch auftritt, dem wiederum die höchsten Bereiche des geistigen Erlebens gnadenhaft erschlossen sind, der sich mit Hilfe Goethes die andere Einweihungsströmung durch Versenkung in die Persönlichkeit erschließt, und dann, statt einem Hineingerissenwerden in die geistige Welt, eine neue Offenbarung des Christusimpulses im Untertauchen in die Welterscheinungen durch sich vorbereitet.

# IV.
# SEELENUMSCHWUNG UND PRÜFUNGEN RUDOLF STEINERS
# «MAN LERNT DABEI IM GEISTIGEN ZU LEBEN»

In der Besinnung auf die Lebens- und Schicksalsmotive Rudolf Steiners ist die Untersuchung des Buches «Mein Lebensgang» bei seinem mittleren Teil angekommen. Er reicht vom 15. bis zum 28. Kapitel und beschreibt jene «Episode» seines Lebens vom dreißigsten bis zum vierzigsten Lebensjahr, die er dem Bilden von Ideen zu widmen hat, *«die das Erleben der Geist-Welt selbst durch die menschliche Seele darstellen konnten.»* (L, 173) Erst als diese Darstellungsfähigkeit errungen ist, beginnt um 1900 die Wirksamkeit für Anthroposophie. Die Erzählung jener Episode reicht dabei von der Arbeit in Weimar im Jahr 1891 bis zur Tätigkeit für die Arbeiterbildungsschule in Berlin (1899). Anschließend, mit dem 29. Kapitel, wird ein neuer biographischer Abschnitt erreicht. Dies erhellt aus der Tatsache, dass dort erstmals Marie von Sivers (Steiner) genannt wird. Sie trat in den dann folgenden Jahren an die Seite Rudolf Steiners. Von ihrem Zusammenwirken handelt das letzte Teilstück der Autobiographie (den Kapiteln 29 bis 38), wovon im nächsten Kapitel gesprochen werden soll.

Im Zentrum der 14 Kapitel umfassenden Erzählfolge des mittleren Lebensjahrzehnts steht der tiefgehende Umschwung in Rudolf Steines Seele, von dem er im 22. Kapitel erzählt. Dieser Seelenumschwung führte dazu, dass sich sein Beobachtungsvermögen für die Dinge der physischen Welt nunmehr präzise ausgestaltete. Es dürfte von Interesse sein, mit dem genannten Seelenereignis, das im 35. Lebensjahr seinen Anfang nahm, auch die Zeit davor und das sich daran anschließende Erleben ins Auge zu fassen. – Aus der langen und inhaltsreichen Erzählung – sie umfasst 118 Seiten – kann nur weniges zum Inhalt dieser Darstellung dienen. Die Auswahl und die Akzentsetzung wird aber vielleicht zu einer neuerlichen Beschäftigung mit Rudolf Steiners Darstellung anregen.

Zunächst aber soll noch ein Hinweis auf die biographische Literatur zu Rudolf Steiner den Blick auf die Inhalte der Autobiographie schärfen. Es finden sich, namentlich in der ausführlichen Chronologie und zweibändigen Biographie von Christoph Lindenberg, aber schon bei Emil Bock, Johannes Hemleben u. a. und nicht zuletzt in den verschiedenen biographischen Angaben Rudolf Steiners selbst und in seinen Vorträgen eine Fülle von Angaben, welche die in «Mein Lebensgang» gegebene Charakterisierung mancher Verhältnisse idealisiert erscheinen lassen. Liest man als Historiker entsprechende Briefe der Zeit, so scheint manches aus dem zeitlichen Abstand subjektiv begütigt oder geschönt, die Anführung der zeitnahen Quellen dagegen authentisch. Doch unterliegt Rudolf Steiners Selbst-Verständnis und Schicksalsempfinden selbst durchaus der Entwicklung. Die Änderung in seiner Auffassung und Wertung der Lebensleistung zahlreicher Gestalten der Zeitgeschichte (Richard Wagner, Franz Brentano usw.) dürfte bekannt sein. So kommt nicht aus subjektiver Verfälschung, sondern durch die sich entwickelnde Einsicht manches an eine andere Stelle der Wertung.

Zum Zweiten muss man die Situation des Niederschreibens dieser autobiographischen Aufzeichnungen während der Krankheit und in tatsächlicher Todesnähe entsprechend gewichten. Hier kam es Rudolf Steiner für ein gültiges Bild mehr darauf an, die wesentlichen Aspekte zu benennen und sie nicht in der Vielzahl des selbst Empfundenen und Erlebten und so ja auch Tatsächlichen aus dem Auge zu verlieren. Die Autobiographie ist von daher ein Stück Selbstdeutung seines Lebenssinnes, den er zwar nicht willkürlich, aber manches auf den wesentlichen Gehalt des Erlebten abstellend, zum Bild prägte.

## 1. Phantasie und Vermögen der Sinne

In der Annäherung an die Zeit des Seelenumschwungs erinnert sich Rudolf Steiner zunächst an zwei Vorträge, die er in den Jahren 1891/92 gehalten hat. Der erste, in Weimar, trug den Titel: «Die Phantasie als Kulturschöpferin». Phantasie ist ja das sich an die Wahrnehmung der Sinne anschließende Vermögen, das sich schon im Zustandebringen des Wahrnehmungsbildes bemerkbar macht. Es kann sich in einer teils freien Beziehung zur Sinneswelt aussprechen, aber auch scheinbar ganz unabhängig davon entfalten. Die Phantasie bildet also den Übergang vom Geistigen zum Sinnesvermögen und umgekehrt. Rudolf Steiner erschien, was in der Phantasie lebt, nur dem Stoffe nach angeregt von den Erlebnissen der menschlichen Sinne. *«Das eigentlich Schöpferische in den echten Phantasiegestaltungen zeigte sich mir als ein Abglanz der außer dem Menschen bestehenden geistigen Welt.»* (L, 149)

Während durch das Tor der Phantasie Wesenheiten der geistigen Welt gewissermaßen inspirierend und impulsierend in *«die Entfaltung der Kulturen hereinwirken»* (L, 149), kann sich der Mensch diese Impulsierungen bewusst machen oder doch wenigstens im Umriss das Geistige zu erfassen suchen. In der Phantasie, zu der sich der Mensch erhebt, *«wirkt* [das Geistige] *auf den Menschen; er kann es aber nicht in seiner ureigenen Gestalt erfassen, sondern er verbildlicht es sich unbewusst durch einen Seeleninhalt, den er aus der Sinneswelt entlehnt. Das Bewusstsein dringt nicht bis zur Anschauung der Geistwelt vor; aber er erlebt diese in Bildern, die ihren Stoff aus der Sinneswelt entnehmen. Dadurch werden die echten Phantasieschöpfungen zu Erzeugnissen der geistigen Welt, ohne dass diese selbst in das Bewusstsein des Menschen eindringt.»* (L, 150)

Auch in dem zweiten Vortrag über die *«Möglichkeit einer monistischen Weltanschauung unter Wahrung einer wirklichen Erkenntnis vom Geistigen»* (L, 150) regt Rudolf Steiner eine Aufmerksamkeit auf diesen sich der gewöhnlichen Beobachtung entziehenden Bereich an. Während sich der künstlerische Sinn das Geistige im Ursprung der Phantasie eröffnen kann, ist es dem Wissenschaftler möglich, es im Erkennen zu ergreifen: *«Ich stellte dar, wie der Mensch durch die Sinne von außen die physische Seite der Wirklichkeit, durch die geistige Wahrnehmung ‹von innen› deren geistige Seite erfasst, so dass alles, was erlebt wird, als einheitliche Welt erscheint, in der das Sinnliche den Geist abbildet, der Geist sich im Sinnlichen schaffend offenbart.»* (L, 150)

Im zeitlichen Umkreis dieser Vorträge wird Rudolf Steiner mit einer ganzen Reihe von Persönlichkeiten bekannt. So lernt er den ganz an die Eindrücke der Sinne hingegebenen Forscher Ernst Haeckel kennen, den tauben Heinrich von Treitschke, mit dem nur schriftliche Unterhaltung möglich war, Ludwig Laistner, einen Erforscher der Mythologie und Traumphantasie, und das Ehepaar Olden, bei dem man sich einerseits ganz frei und zukunftsoffen fühlen konnte, andererseits aber auch einem Zug von Menschenverachtung begegnete. Ihre kurzen Porträts im «Lebensgang», oft an charakteristischen Begegnungen entwickelt, sind ihrerseits wiederum Beispiele für das von Rudolf Steiner geübte «Erwachen am anderen Menschen».

Auf die beiden sich im 16. Kapitel anschliessenden Bilder von Gabriele Reuter und Otto Erich Hartleben soll kurz eingegangen werden. In Gabriele Reuter und Otto Erich Hartleben begegnet man Menschen, mit denen Rudolf Steiner freundschaftlich näher verbunden war. *«Zu den schönsten Stunden meines Lebens muss ich zählen, was ich durch Gabriele Reuter erlebte.» «Eine Persönlichkeit, die in sich tiefe Menschheitsprobleme trug, und diese mit einem gewissen Radikalismus des Herzens und der Empfindung anfasste.»* (L, 159) Nach der Phantasie, dem Leben in den Sinnen (Haeckel), in der Persönlichkeit (Treitschke) und den mythenbildenden Kräften (Laistner) ist bei diesem Menschen die Impulsation aus dem Herzen der besondere Eindruck. *«Ich denke zurück und sehe mich mit ihr an einer Strassenecke stehen bei glühendster Sonnenhitze diskutierend mehr als eine Stunde über Fragen, die sie bewegten. Gabriele Reuter konnte in würdigster Art, keinen Augenblick die würdige Haltung verlierend, über Dinge sprechen, bei denen andere sogleich in sichtbare Aufregung geraten.»* (L, 159) Sie *«betonte scharf, was sie zu sagen hatte: aber sie tat es nie lautlich, sondern allein seelisch. Ich glaube, dass ihr diese Kunst, bei lautlich gleichmässigem Hinfliessen der Rede die Artikulation ganz im Seelischen zu halten, als Stil besonders eigen ist.»* (L, 159)

Otto Erich Hartleben scheint Rudolf Steiner dagegen vorwiegend abends oder nachts begegnet zu sein, als sich das Leben während der Goethe-Versammlungen auch nachts in Gaststätten in endlose Debatten erstreckte.

Wie Hartleben mit Rudolf Steiner befreundet wurde, ist lesenswert: Als Hartleben in einem Gespräch über Schopenhauer Rudolf Steiners Ansicht hören wollte, da er sich von Steiner als Herausgeber ein Bonmot erhoffte, sagte dieser: *«Schopenhauer muss ich für ein borniertes Genie halten».* (L, 161) *«Hartlebens Augen funkelten, er wurde unruhig, er trank aus und bestellte sich ein frisches Glas, er hatte mich in diesem Augenblicke in sein Herz geschlossen; seine Freundschaft zu mir war begründet. ‹Borniertes Genie!› Das gefiel ihm. Ich hätte es ebensogut von einer ganz anderen*

*Persönlichkeit gebrauchen können, es wäre ihm gleichgültig gewesen. Ihn interessierte tief, dass man die Ansicht haben könne, auch ein Genie könne borniert sein.»* (L, 161) Anders als im Radikalismus des Herzens bei Gabriele Reuter lebte in Hartleben eine Stimmung des Herzens, die sich zum Erleben des Ideellen erheben will und dazu die geeigneten Anlässe sucht. Dass man einander verdauen können muss in der Willensbegegnung, darauf deutet das frische Glas.

Bei den Menschen, die Rudolf Steiner in der Weimarer Epoche seines Lebens begegneten, wurde ihm, da er sich intensiv dem äußeren Leben zuwenden wollte, die Einsamkeit in seiner eigenen Sphäre besonders fühlbar. Dazu gehörten auch die Weltanschauungen als ein Stück Außenwelt, die mit der ihm vertrauten geistigen Welt, die er innerlich anschaute, nicht in Kontakt stand. *«Und meine Gedanken gingen damals oft nach der Richtung, mir selbst zu sagen, wie schwer mir der Weg durch die Sinne zur Außenwelt während meiner ganzen Kindheit und Jugend geworden ist. Ich habe immer Mühe gehabt, dem Gedächtnisse die äußeren Daten einzuverleiben, die sich anzueignen z. B. auf dem Gebiete der Wissenschaft notwendig ist. Ich musste oft und oft ein Naturobjekt sehen, wenn ich wissen sollte, wie man es nennt, in welche Klasse es wissenschaftlich eingereiht ist usw. Ich darf schon sagen, die Sinneswelt hatte für mich etwas Schattenhaftes, Bildhaftes.»* (L, 162)

Es war also für ihn umgekehrt als für die anderen Menschen. Während diese die Sinneswelt als etwas Wirkliches erleben und das Geistige, wenn überhaupt, als schattenhaft, erlebte Rudolf Steiner den Zusammenhang mit dem Geistigen als voll wirklich. So war auch seine «Philosophie der Freiheit» entstanden, an die er in dieser Zeit letzte Hand anlegte. *«Ich schrieb, so fühlte ich, die Gedanken nieder, die mir die geistige Welt bis zu der Zeit meines dreißigsten Lebensjahres gegeben hatte.»* (L, 162)

Während er einerseits ganz im Geistigen lebte, gestaltete sich der mitmenschliche Verkehr so, dass er, um anderen Menschen begegnen zu können, aus dieser Welt *«wie durch eine Tür»* in den Verkehr mit den anderen eintreten musste. Er konnte sich dann auch ganz den anderen hingeben und sich in ihrer Welt heimisch fühlen, konnte ihre Art die Welt anzuschauen ganz teilen. Aber er konnte selbst nie erleben, dass sie ihn in seiner Welt des Geistigen auch hätten aufsuchen können, so wie er es später bei den sich entwickelnden Menschen seiner Mysteriendramen beschreibt.

Rudolf Steiner konnte zu den gegensätzlichsten Denk- und Gefühlsrichtungen der Menschen, die einander sonst nie begegneten, eine Beziehung herstellen. Weil er das relativ Berechtigte einer jeden Weltanschauung, besonders der prononcierten (z. B. Haeckels oder Eduard von Hartmanns) anerkennen konnte, war er in der Lage, all diese sich in ihrer Einseitigkeit widersprechenden Standpunkte (wie später auch in der Anthroposophischen Gesellschaft) in sich zu verbinden. Denn die angeschaute geistige Welt reicht über den Kreis der Weltanschauungen, zu deren Repräsentanten sich die Menschen ihrem Naturell nach machen, hinaus.

Eine bloß intellektuelle Rezeption der verschiedenen Weltanschauungsstandpunkte wird der Gefahren und Schwierigkeiten gar nicht ansichtig, in welche, wie Rudolf Steiner betont, der geistig Schauende hineinkommt. *«Wer aber eine Welt der* Anschauung *hat, wie sie die geistige sein* muss, *der sieht die Berechtigung der verschiedenen ‹Standpunkte›, und er muss sich fortwährend im Inneren seiner Seele wehren, um nicht zu stark zu der einen oder der anderen hingelenkt zu werden.»* (L, 164) So gewinnt Rudolf Steiner in den einander ablehnenden intellektuellen Standpunkten aus der geistigen Anschauung ein besonders intensives Verständnis für die einzelnen Vertreter derselben. Nietzsches Standpunkt empfand er z. B. als einen solchen, zu dem eine *«tief angelegte Menschenwesenheit in der zweiten Hälfte des 19. Jahrhunderts hingedrängt wurde, wenn sie von dem geistigen Inhalte dieses Zeitalters allein leben konnte, wenn in ihr Bewusstsein die Anschauung des Geistes nicht hereinbrechen wollte, der Wille im Unterbewussten mit ungemein starken Kräften aber zum Geist hindrängte»* (L, 165).

## 2. Wie ein Geistorganismus: «Die Philosophie der Freiheit»

Während man in der Lektüre der vorangegangenen Kapitel sich in die geistige Eigenart der Natur Rudolf Steiners wie in eine kosmische Wesenheit einleben kann, in ein Schauen der Geistwelt und Leben in der Geistwelt, das sich nur allmählich den Weg zur Sinneswelt bahnen kann, in den Weltanschauungen ihre relative, standpunktbezogene Berechtigung sieht, sich aber selbst in der denkenden Betätigung und in der geistigen Anschauung des Menschenwesens Stütze gibt, gerät die Darstellung des 17. Kapitels zu einem persönlichsten Bekenntnis. Mit Bezug auf seine Stellung gegenüber der «Gesellschaft für ethische Kultur» bemerkt er: *«Mir war die Sache unbegrenzt wichtig.»* (L, 168) Von Amerika ausgehend, wollte dieser Ableger eine auf rein Menschliches gebaute Konsens-Ethik begründen, um in der Relativität, Unvereinbarkeit und Unübersichtlichkeit moderner Weltanschauungsstandpunkte einen tragenden Grund zu gewinnen. *«Auf mich machte diese ethische Bewegung einen tiefgehenden Eindruck. Sie rührte an meine mir wichtigsten Anschauungen.»* (L, 166)

Denn wenn auch Rudolf Steiner von dem relativ Berechtigten der verschiedenen Weltanschauungen sprach, so meinte er doch keineswegs, dass das Weltanschauungsstreben zum Relativismus verurteilt sei, man auf Weltanschauung keine Ethik begründen könne. Vielmehr ist seine Ansicht, dass man gerade im Erkenntnisleben zu einer Wirklichkeit vordringen kann, die Natur und Moral wieder in eins zu sehen ermöglicht. *«Unbewusst frivol erschien mir ein Mensch, der behauptet: lassen wir alle Weltanschauung auf sich beruhen, damit wir wieder Sittlichkeit unter den Menschen verbreiten können.»* (L, 168) *«Wer in der Anschauung so weit dringt, als es dem Menschen möglich ist, so sagte ich, der findet ein Weltgeschehen, aus dem ihm die Realität des Moralischen ebenso wie die des Naturhaften entgegentritt.»* (L, 168)

Bei seinen Zeitgenossen stieß er mit seiner Vehemenz und dem Inhalt seiner Einwände offenbar weitgehend auf Unverständnis. Hermann Grimm meinte, er solle doch einfach mit den Vertretern dieser Anschauung das Gespräch suchen, sie seien ganz liebenswürdige Menschen. Dass damit aber der Nerv der gesamten bisherigen Tätigkeit Rudolf Steiners getroffen war, ermisst man, wenn man auf sein Hauptwerk, «Die Philosophie der Freiheit», hinschaut, das er damals gerade der Öffentlichkeit übergab. Es enthielt, wie schon oben bemerkt, Gedanken, die ihm die geistige Welt auf sein Ringen und seine Offenheit hin bis zu seinem 30. Lebensjahr gegeben hatte. Also Inhalte, deren Tatsächlichkeit er in der Geistwelt selbst verbürgt wusste.

Eduard von Hartmann, der es sogleich las und als Titel «Erkenntnistheoretischer Phänomenalismus und ethischer Individualismus» vorschlug, hatte, wie Rudolf Steiner betont, die entscheidende Wendung der Sache verkannt. *«Ich suchte in meinem Buche darzulegen, dass* nicht hinter *der Sinneswelt ein Unbekanntes liegt, sondern* in *ihr die geistige Welt.»* (L, 170) *«Das Ziel des Erkenntnisvorganges ist das bewusste Erleben der geistigen Welt, vor deren Anblick sich alles in Geist auflöst. Ich stellte dem Phänomenalismus die Welt der geistigen Wirklichkeit gegenüber.»* (L, 170) Dass dieser Weg zu einer geistig erfassten Wirklichkeit nur über eine *«Erweiterung des Bewusstseins»* (L, 171) sein Ziel erreicht, deutet Rudolf Steiner dabei an. Dass aber der Mensch zu einer solchen Vertiefung seines Weltanschauungsstrebens fähig ist, wenn er seinen bloß persönlichen Standpunkt überwinden und sich erkennend in das Wesenhafte der Welt mit seiner Seele hineinleben kann, gibt auch dem ethischen Streben eine neue Grundlage.

Es ist etwas wie ein Untertauchen und Abstreifen des verhärteten persönlichen Ausgangspunktes und ein Innewerden des alles einbegreifenden geistigen Zusammenhangs notwendig, ein Durchstoßen zu einer Anschauung des Geistigen, das die Sinneswelt trägt. Diesem Opfer des Persönlichen und Wiederfinden des Individuellen in der geistigen Anschauung entspricht dann auch die Verkörperung ganz individueller, aus der geistigen Anschauung geschöpfter moralischer Impulse. Die Freiheit der Unterscheidung ist möglich, *«wenn die Seele gewissermassen pendelartig sich zwischen dem Eins-Sein mit dem geistig Wesenhaften und der Besinnung auf sich selbst hin- und herbewegt. Sie wird dann ‹unbewusst› im Untertauchen in den objektiven Geist, bringt aber das vollkommen Wesenhafte bei der Selbstbesinnung in das Bewusstsein herein.»* (L, 171)

Rudolf Steiner wiederholt in diesen Ausführungen oft die Wendung vom Untertauchen: *«Ist es nun möglich, dass die persönliche Individualität des Menschen in die geistige Wirklichkeit der Welt untertaucht, so kann in dieser Wirklichkeit auch die Welt der sittlichen Impulse erlebt werden.» «Sittlichkeit bekommt einen Inhalt, der sich aus der geistigen Welt innerhalb der menschlichen Individualität offenbart; und das ins Geistige erweiterte Bewusstsein dringt bis zum Anschauen dieses Offenbarens vor.»* Freiheit ist in diesem Wechselverkehr mit der Geistwelt, weil der Mensch *«in Freiheit die Aktivität entfalten muss, die ihn zum Annehmen des Geistigen ver-*

*anlasst.»* (L, 172) Es entsteht also so etwas wie ein Geistorganismus der «Philosophie der Freiheit» durch ein Erreichen der Wirklichkeit als einer geistigen im Erkenntnisprozess. Dieser reicht vom *Erkennen der Welt* und dem Erfassen der *menschlichen Individualität* bis zu einem entgrenzten Erkenntniserlebnis der Totalexistenz im Universum. Die anschließend entwickelte Individualexistenz aus dem Geist in den *Faktoren des Lebens*, in der *Idee der Freiheit* und der *moralischen Phantasie* ist wie der andere Pendelausschlag, der zur Besinnung auf sich selbst, aber mit dem Ertrag des Übersinnlichen, führt. Die «Philosophie der Freiheit» ist gleichsam eine moderne Metamorphose der Vorgänge bei der Taufe im Jordan, durch den der Christusgeist in die menschliche Wesenheit des Jesus einzieht, der Änderung des Sinnes, die dadurch begründet und von Johannes gefordert wird. Der Austauschvorgang ist das Erlebnis des Wortes.

Eine weltanschauungsferne allgemein-menschliche Konsensethik würde das Wesen des Menschen nicht in der Wirklichkeit verankern, sondern ihn in seinem Tun in eine erdenferne Allgemeinheit bannen. Dass Rudolf Steiner diesen Ausgangspunkt seines weiteren Schaffens auch *Anthroposophie* nennen konnte, und diese nicht erst mit seinen christologischen Vorträgen einsetzt, ist aus dem Angedeuteten wohl verständlich.

*«Im Geisterleben lag die Quelle für die Gestaltung, die ich der Idee meines Buches gab. Es ist zunächst die Darstellung einer Anthroposophie, die auf die Natur hin und auf das Stehen des Menschen in der Natur mit seiner ihm individuell eigenen sittlichen Wesenheit orientiert ist.»* (L, 172/3) Mit der Veröffentlichung dieses Buches in der Zeit des Kampfes gegen die weltanschauungslose Ethik war für Rudolf Steiner ein Lebensabschnitt abgeschlossen und zugleich ein neuer eröffnet: die weitere Ausgestaltung dieser Anthroposophie.

*«Für mich war mit der ‹Philosophie der Freiheit› gewissermaßen das von mir abgesondert und in die Außenwelt hineingestellt, was der erste Lebensabschnitt durch das schicksalsgemäße Erleben der naturwissenschaftlichen Daseinsrätsel an Ideengestaltung von mir verlangt hat. Der weitere Weg konnte nunmehr nur in einem Ringen nach einer Ideengestaltung für die geistige Welt selbst sein.»* (L, 173)

## 3. Nietzsches geistiger Weg in die Erdenwelt

Im 18. Kapitel entfaltet Rudolf Steiner ausführlich sein sich in den neunziger Jahren entfaltendes Verhältnis zu Friedrich Nietzsche, wie es in seinem 1895 erschienenen Buch «Friedrich Nietzsche – ein Kämpfer gegen seine Zeit» Ausdruck gefunden hat. Diese Erzählung ist in gewisser Weise eine Umkehrung jener ersten Ausführungen, in denen er nach einer ausführlichen Besprechung seiner Arbeiten an Goethes Werken im 12., Anfang des 13. Kapitels davon berichtet, wie er in der Stimmung, dass etwas Neues in der Entwicklung geschehen müsse, mit Nietzsches Werken zum ersten Mal bekannt wird. In dem nun zu besprechenden Kapitel bildet die Begegnung mit Nietzsche das Hauptthema, die Darstellung geht aber in ihrem zweiten Teil wiederum zu Goethe über, über dessen Weltanschauung Rudolf Steiner 1897 ein Werk erscheinen lässt. Nur auf weniges in diesem recht umfangreichen Kapitel kann die Aufmerksamkeit gerichtet werden.

Nietzsche, dessen Schriften Rudolf Steiner, wie bemerkt, schon 1889 kennen gelernt hatte, ist zum Zeitpunkt, da er von Elisabeth Förster-Nietzsche in dessen Krankenzimmer geführt wird, ein umnachteter Mensch. Dennoch bildet gerade die Schilderung dieses Besuches das Kernstück des Kapitels. Wichtig ist zunächst auch der erste, zugleich den ersten Abschnitt des Kapitels bildende Satz: «*In diese Zeit fällt mein Hineintreten in die Kreise des geistigen Erlebens, in denen Nietzsche geweilt hat.*» (L, 174) Dies bringt die besondere Schätzung zum Ausdruck, die nun nicht nur auf einen Weltanschauungsaspekt, sondern auf ein geistiges Erleben Nietzsches aufmerksam machen will.

Rudolf Steiner empfand Nietzsches Seele «*als ein Wesen, das mit vererbter und anerzogener Aufmerksamkeit auf alles hinhorchen musste, was das Geistesleben seiner Zeit hervorgebracht hatte, das aber stets fühlte: was geht mich doch dieses Geistesleben an; es muss eine andere Welt geben, in der ich leben kann; in dieser stört mich so vieles am Leben.*» (L, 174) Dieses Gefühl machte ihn zum Kritiker, die Kritik machte ihn schliesslich krank, so dass er von seiner Gesundheit zu träumen begann. «*Eines Tages entdeckte er, dass er nur geträumt hatte. Da fing er an, mit jeglicher Kraft, die seinem Geiste eigen war, nach Wirklichkeiten zu suchen. Wirklichkeiten, die ‹irgendwo› liegen mussten; er fand nicht ‹Wege› zu diesen Wirklichkeiten, aber Sehnsuchten. Da wurden die Sehnsuchten in ihm Wirklichkeiten. Er träumte weiter, aber die gewaltige Kraft seiner Seele schuf aus den Träumen innermenschliche Wirklichkeiten, die ohne die Schwere, die den Menschenideen seit lange eigen war, frei in einer geistfrohen, aber von dem ‹Zeitgeist› widerlich berührten Seelenstimmung schwebten.»* (L, 174)

Die «gewaltige Kraft» von Nietzsches Seele konnte dieses Schwerelose schaffen, das Freischwebende seiner Ideen, das Rudolf Steiner begeisterte, indem manche Gedanken Nietzsches, obwohl auf ganz anderen Wegen gebildet, Rudolf Steiners eigenen nicht unähnlich waren. Besonders das Freilassende, keine Anhänger bilden Wollende der Gedanken Nietzsches zog ihn an. Bevor er nun an die Niederschrift des Buches ging, lernte er Nietzsches Schwester bei deren Besuch des Goethe- und Schillerarchivs kennen, als diese sich über die Einrichtung des Archivs informieren wollte. Aus dieser Bekanntschaft ergab sich die Möglichkeit eines Besuches in Naumburg. So wurde Rudolf Steiner bei seinem ersten Besuch in das Zimmer Friedrich Nietzsches geführt.

*«Da lag der Umnachtete mit der wunderbar schönen Stirne, Künstler- und Denkerstirne zugleich, auf einem Ruhesofa.»* (L, 176) Behutsam beschreibt Rudolf Steiner nun das ganze Erlebnis und schildert, wie es in seiner Seele ein Schauen auslöst: *«Nietzsches Seele wie schwebend über seinem Haupte, unbegrenzt schön in ihrem Geisteslichte; frei hingegeben geistigen Welten, die sie vor der Umnachtung ersehnt, aber nicht gefunden.»* (L, 176) Und dann gibt er uns weiteren Einblick in dieses Erlebnis: *«Ich hatte vorher* den *Nietzsche* gelesen, *der geschrieben hatte, jetzt hatte ich den Nietzsche* geschaut, *der aus weit entlegenen Geistgebieten Ideen in seinen Leib trug, die noch in Schönheit schimmerten, trotzdem sie auf dem Wege ihre ursprüngliche Leuchtkraft verloren hatten. Eine Seele, die aus früheren Erdenleben reiches Lichtgold brachte, es aber nicht ganz in diesem Leben zum Leuchten bringen konnte. Ich bewunderte, was Nietzsche geschrieben; aber ich schaute jetzt hinter meiner Bewunderung ein hellstrahlendes Bild.»* (L, 176)

In seinen Nietzsches Karma geltenden Ausführungen (Dornach, 15. März 1924) hat Rudolf Steiner zwar die karmischen Gründe erläutert, welche die Erschwerungen in Nietzsches Leben brachten, nicht aber von diesen (anderen) Erdenleben gesprochen, die er nun am 31. August und 7. September 1924 in seinen Lebensgangbeiträgen für das Goetheanum benennt, aus denen Nietzsche *«reiches Lichtgold»* brachte. Hinweise aber, die weitere Dimensionen öffnen, aber eine auf jene Erdenleben gehende Interpretation unterlassen, finden sich durchaus im weiteren Verlauf des Kapitels.

*«Der naturwissenschaftliche Weltinhalt hatte seine Seele so stark ergriffen, dass er* ihn *wie auf Geisteswegen schaffen wollte. Lyrisch, in dionysischem Seelenfluge, schwingt sich seine Seele im ›Zarathustra‹ auf. Wunderbar webt da das Geistige, aber es träumt in Geistwundern von materiellem Wirklichkeitsgehalt. Es zerstäubt der Geist in seiner Entfaltung, weil er nicht sich finden, sondern nur den erträumten Abglanz des Materiellen als seine Schein-Wesenheit erleben kann.»* (L,178) Die damit angesprochene Frage deutet in der Richtung der griechischen und davor in die sehr alter Mysterien. Denn Rudolf Steiner kommt zunächst auf Nietzsches Geistanschauen in mythischer Form, in den Geistgestalten Apollo und Dionysos zu sprechen. Die massgebliche Beziehung könnte aber zuvor eine Schülerbeziehung zu Zarathustra selbst sein, dessen Ausstrahlungen über Moses bis zu Goethe reichen. Nietzsches Geisterleben betrifft den Ausgang und Weg, Goethes Erleben ein Anschauen des Geistigen im Erscheinungssein, ohne aber zunächst den Menschen selbst in die geistige Anschauung zu fassen. *«Bis zu der Anschauung des in sich selbst lebenden und waltenden Geistes wollte er nicht gehen.»* (L, 180)

Es ist hier nicht möglich, auf dieses mehr geisteswissenschaftlich geartete Kapitel und auch nicht auf das nächste, 19. Kapitel, mit den künstlerischen Begegnungen in Weimar näher einzugehen, worin zum Beispiel die Freundschaft mit dem jungen Maler Otto Fröhlich beschrieben ist, dem Rudolf Steiner den Rat gab, *«er möge Nietzsches dichtend gemaltes Bild von Zarathustra und dem hässlichsten Menschen nun malend dichten.»* (L, 190) Auch nicht von den Schauspieler- und Musiker-Begegnungen, wo Rudolf Steiner wie nebenbei Richard Strauss' *Zarathustra-Symphonie* erwähnt, oder der geistigen Atmosphäre Weimars, in der sich damals wie unter dem Schutz der Geister Goethes und Schillers bedeutende Zukunftskeime schöpferischen Lebens entfalteten.

## 4. Die beiden unbekannten Bekannten

Zu den bereits erwähnten Lebensmotiven Rudolf Steiners gehört, was er in einem der früheren Kapitel mit den Worten ansprach: *«Den gestorbenen Menschen verfolgte ich weiter auf seinem Wege in die geistige Welt hinein.»* (L, 37) Es ist dies ein Motiv, das, wie ein biographischer Vortrag von 1913 belegt (Berlin, 4. Februar 1913), schon in der Kindheit Rudolf Steiners beginnt, sich in den Jugend- und mittleren Jahren entfaltet und bis in jene Gesprächsvermittlung reicht, die er für Eliza und Helmuth von Moltke als einen bewussten Verkehr zwischen Lebenden und Verstorbenen in den Jahren von 1916 bis 1924 (Juni) ausübt.

An dieser Stelle des «Lebensganges», im 20. Kapitel, berichtet Rudolf Steiner davon, wie sich durch die Vermittlung einer befreundeten Familie der Bezug zu einem Menschen in einer ähnlichen Weise ergibt, wie dies schon einmal während seiner Weimarer Zeit geschah. *«Ich empfand den Mann gleich dem andern, ohne ihm im physischen Leben begegnen zu können, wie ‹hinter den Kulissen des Daseins› durch mein Schicksal schreiten.»* (L, 200) *«Die geistigen Anschauungskräfte, die ich damals in der Seele trug, machten mir möglich, mit den beiden Seelen eine engere Verbindung nach ihrem Erdenleben zu haben.»* (L, 201) Beide Persönlichkeiten hatten begrifflich die naturwissenschaftliche Denkungsart des materialistischen Zeitalters in sich verarbeitet, hatten *«die materialistischen Denkwerte»* in sich aufgenommen, ohne zugleich in ihrem Wesen mit den *«materialistischen Willenswerten»* zusammenzuwachsen. *«Sowohl die Seele, die mir in Wien nahe getreten war, sowie auch diejenige, die ich in Weimar geistig kennenlernte, waren nach dem Tode herrliche leuchtende Geistgestalten, in denen der Seelen-Inhalt erfüllt war von den Bildern der geistigen Wesenheiten, die der Welt zugrunde liegen. Und ihr Bekanntwerden mit den Ideen, durch die sie das Materielle genauer durchdachten während ihres letzten Erdenlebens, hat nur dazu beigetragen, dass sie auch nach dem Tode ein urteilgetragenes Verhältnis zur Welt entwickeln konnten.»* (L, 202)

Rudolf Steiner beschreibt nun, wie diese beiden Seelen nach dem Tode vollbringen, wozu sie während ihres Lebens nicht die Gelegenheit fanden: «das naturwissenschaftliche Denken hinaufzuheben in die Sphäre, wo geistiges Leben beginnt.» (L, 202) Durch dieses Heraufheben reifen die Lebensfrüchte. «Ich sah, man kann dieses Hinaufheben auch bewirken, wenn man im Erdenleben inneren Mut und Kraft dazu aufbringt.» (L, 202) Was sich Rudolf Steiner durch diese geistigen Erlebnisse ergibt, ist, dass sich ihm dadurch die Bedeutung der naturwissenschaftlichen Denkart enthüllt. Denn deren Ideen sind nicht am Geist, sondern an der Materie entzündet. Rudolf Steiner konnte also an diesen beiden unbekannten Bekannten etwas beobachten, das nur im Erdenleben gebildet worden sein kann und das den Menschen dazu führt, auch im Geistigen ein eigenständiges Wesen zu sein.

«In meiner ‹Philosophie der Freiheit› habe ich nun die Kraft gesucht, die aus der ethisch neutralen naturwissenschaftlichen Ideenwelt in die Welt der sittlichen Impulse führt. Ich habe zu zeigen versucht, wie der Mensch, der sich als in sich geschlossenes geistgeartetes Wesen weiß, weil er in Ideen lebt, die nicht mehr aus dem Geist erströmend, sondern an dem materiellen Sein angeregt sind, auch für das Sittliche aus seinem Eigenwesen Intuition entwickeln kann. Dadurch leuchtet das Sittliche in der frei gewordenen Individualität als individuelle ethische Impulsivität so auf, wie die Ideen der Naturanschauung.» (L, 204) So hat also dieses Erleben mit den beiden unbekannten Bekannten und besonders mit dem letzteren namens Eunike auch für die Abfassung seiner «Philosophie der Freiheit» eine Bedeutung erlangt.

## 5. Der Seelenumschwung

Zu dem Erlebnis des Untertauchens, das mit dem Abschluss seiner «Philosophie der Freiheit» (1893) einhergeht und an das sich ein gleichsam aufsteigendes Nachfolgen der verstorbenen Seele anschließt, tritt nun umgekehrt ein Seelenumschwung, der Rudolf Steiners ganzes Wesen durchdringt. *«Am Ende meiner weimarischen Zeit hatte ich sechsunddreißig Lebensjahre hinter mir. Schon ein Jahr vorher hatte in meiner Seele ein tiefgehender Umschwung seinen Anfang genommen.»* (L, 221) *«Mein Beobachtungsvermögen für Dinge, Wesen und Vorgänge der physischen Welt gestaltete sich nach der Richtung der Genauigkeit und Eindringlichkeit um. Das war sowohl im Wissenschaftlichen, wie im äußeren Leben der Fall. Während es vorher für mich so war, dass große wissenschaftliche Zusammen-*

*hänge, die auf geistgemäße Art zu erfassen sind, ohne alle Mühe mein seelisches Eigentum wurden, und das sinnliche Wahrnehmen und namentlich dessen erinnerungsgemäßes Behalten mir die größten Anstrengungen machten, wurde jetzt alles anders. Eine vorher nicht vorhandene Aufmerksamkeit für das sinnlich Wahrnehmbare erwachte in mir. Einzelheiten wurden mir wichtig; ich hatte das Gefühl, die Sinneswelt habe etwas zu enthüllen, was nur sie enthüllen kann.»* (L, 221)

Dieses viel bedachte und unter den verschiedensten Gesichtspunkten zu betrachtende Kapitel über den Seelenumschwung schildert nach dem Untertauchen der «Philosophie der Freiheit» und dem erneuten Erleben eines nachtodlichen Entwicklungsweges so etwas wie eine nun erst erfolgende deutlichere Inkarnation in der Verbindung Rudolf Steiners mit der Außenwelt. In dem sich daran anschließenden Transsubstantiationserleben entfaltet sich allmählich die ganze Geisteswissenschaft. *«Ich fand bald, dass ein solches Beobachten der Welt wahrhaft in die geistige Welt hineinführt. Man geht im Beobachten der physischen Welt ganz aus sich heraus; und man kommt gerade dadurch mit einem gesteigerten geistigen Beobachtungsvermögen wieder in die geistige Welt hinein.»* (L, 222)

*«Ich wurde gewahr, dass ich einen menschlichen Lebensumschwung in einem viel späteren Lebensabschnitt erlebte als andere. Ich sah aber auch, dass das für das Seelenleben ganz bestimmte Folgen hat. Ich fand, wie die Menschen, weil sie früh vom seelischen Weben in der geistigen Welt zum Erleben des Physischen übergehen, zu keinem reinen Erfassen weder der geistigen, noch der physischen Welt gelangen.»* (L, 222) Indem Rudolf Steiner, sich lange im Geistigen haltend und durch die «Philosophie der Freiheit» das verfestigte Denken seiner Zeit im Untertauchen auflösend, einerseits von der Christuskraft zum Untertauchen in die Welterscheinungen geführt wird und den Tod oder das Abgelöste des materiellen Seins als sinnvoll erfährt, weil es eigenständig in die geistige Welt hinaufführt, erlebt er nun gleichsam mit der Wiederholung des Erlebens der Jordantaufe die Verwobenheit des Christusgeistes mit der Erde. *«Ich betrachtete es als ein Ideal, sie* [die sinnenfällige Welt] *kennen zu lernen allein durch das, was sie zu sagen hat, ohne dass der Mensch etwas durch sein Denken oder einen anderen in seinem Inneren auftretenden Seelen-Inhalt in sie hineinträgt.»* (L, 221)

*«Für mich war in der Genauigkeit und Eindringlichkeit der sinnenfäl-*

*ligen Beobachtung das Beschreiten einer ganz neuen Welt gegeben. Das von allem Subjektiven in der Seele freie, objektive Sich-Gegenüberstellen der Sinneswelt offenbarte etwas, worüber eine geistige Anschauung nichts zu sagen hatte.»* (L, 222) Dies galt mit besonderer Bedeutung auch für das Verhältnis zu anderen Menschen, die er, ohne Kritik zu üben, auf sich wirken lassen wollte.

In dieser Zeit entwickelte Rudolf Steiner eine besondere Begeisterung für *«wirklichkeitsgemäße Erkenntnis»*, ein Ausdruck, der den vorher oft verwendeten *«geistgemäß»* ablöst. Sich den Welträtseln erlebend hinzugeben und diese nicht gedanklich lösen zu wollen, vielmehr sich vom Denken auf den Weg der Lösung bringen zu lassen, um damit in der Wirklichkeit auch die Lösung des Problems entstehen zu sehen, wurde sein Ideal. Erkennen ist ein Vorgang in der Wirklichkeit, und der Mensch ist jenes Wesen, das zwischen Rätsel und Lösung als Schauplatz vermittelt.

Die meditierende Erkenntnishaltung führte auch zu inhaltschweren inneren Erfahrungen. Rudolf Steiners Seelenleben bedarf nun der Meditation, an der der ganze Mensch beteiligt ist. Vorher war seine Meditation dazu da, das innere ideelle Leben zu einem fortdauernden Aneignungsvorgang zu machen. Jetzt wird sie notwendig für sein seelisches Leben. Sie führte auch zur Erfahrung eines *«in sich selbständigen geistigen Menschen»* (L, 228), der unabhängig von der physischen Organisation erlebt werden kann und zugleich zum Erlebnis der *«Befestigung des geistigen Menschen in der Geisteswelt, die sich ins Unermessliche steigert.»* (L, 229)

Diese Ausführungen des 22. Kapitels über die drei Erkenntnisarten, die begriffliche, die ideell-meditative und die willensartig meditierende, welche den ganzen Menschen ergreift, gipfeln im 23. Kapitel in der Aussage, dass man das Denken nicht zum Erklären braucht, sondern dazu, *«die Vorgänge in dem Zusammenhange zu schauen* [...], *in dem das eine das andere erklärt, indem eines das Rätsel, das andere Lösung wird, und der Mensch selbst das Wort wird für die von ihm wahrgenommene Außenwelt. Damit aber war die Wahrheit der Vorstellung erlebt, dass in der Welt und ihrem Wirken der Logos, die Weisheit, das Wort waltet.»* (L, 234)

Von den inhaltschweren inneren Erfahrungen in dem noch erweiterten Sinne von Prüfungen sprechen die folgenden Kapitel.

## 6. Muss man verstummen?

Immer wieder hat Rudolf Steiner damals versucht, seine Anschauungen auf immer neuen und anderen Wegen an seine Zeitgenossen heran zu bringen. Nun, da er den Umschwung erlebt hat, ergibt es sich auch, dass das innerlich Erstrebte mit dem schicksalhaft an ihn Herantretenden nicht wie vorher zusammenstimmt und verschmilzt, sondern sich asymmetrisch verhält. Er steht dem Denken seines Zeitalters mit einer ganz anders gearteten Ansicht über die Wahrheit gegenüber und muss nun nach einer Form suchen, um sich mitteilen zu können. Er wählt dazu zunächst das «Magazin für Literatur», das er erwerben kann, und kommt dadurch mit der «Freien literarischen Gesellschaft», später dann mit der «Freien dramatischen Gesellschaft» in ein engeres Arbeitsverhältnis. Dies bedingt auch eine Zusammenarbeit in der Redaktion der Zeitschrift mit Otto Erich Hartleben, der ein durch und durch von Ästhetik geprägter Mensch ist und andererseits mit einer Reihe von Eigenschaften behaftet, die das Zusammenarbeiten, wie Rudolf Steiner betont, eigentlich unmöglich machen. Dennoch erkennt Rudolf Steiner diesen Zusammenhang als eine vom Schicksal bestimmte Fügung und akzeptiert auch, dass ihn der neue Umkreis von Literaten aus anderen, gleich wertvollen Zusammenhängen herauslöst. Die Menschen, die ihm in dieser Zeit begegnen, erscheinen ihm deutlich in sein Schicksal verwoben; er aber nicht umgekehrt in das ihrige, d.h. ihrem Selbstverständnis bleibt er fremd.

## 7. Seelenprüfungen

In dem folgenden Kapitel geht Rudolf Steiner nun auf starke Prüfungen ein, die sich in jener Zeit für ihn einstellen. Das 26. behandelt sein Verhältnis zu den christlichen Bekenntnissen und zum Christentum, das 27. zu Hegel, Stirner und Mackay, und das 28. beschreibt seine Tätigkeit in der Berliner Arbeiterbildungsschule. *«Solche Prüfungen»*, merkt er an, *«sind die vom Schicksal (Karma) gegebenen Widerstände, die die geistige Entwickelung zu überwinden hat»* (L,255).

Rudolf Steiners Verhältnis zum Christentum betrifft zunächst die christlichen Bekenntnisse und deren Jenseitslehre, die für sein Darinnenstehen in der geistigen Welt und seine Wirksamkeit für einen zeitgemäßen Weg zu geistiger Erfahrung, auch für seinen ethischen Individualismus, von genau gegenteiligen Überzeugungen ausgehen. *«Aller Inhalt des religiösen Erlebens verwies auf eine Geistwelt, die für den Menschen in der Entfaltung seiner Geisteskräfte nicht zu erreichen sein soll.»* (L, 255) Dass er mit Vehemenz dagegen auftrat, wovon sich deutliche Spuren in seinen Büchern, Vorträgen und Briefen finden, verwundert nicht. *«Was damals im Anschauen des Christentums in meiner Seele vorging, war eine starke Prüfung für mich.»* (L, 255) Dieses hatte in der Gestalt, die es historisch angenommen hatte, nicht die Möglichkeit, ein Hineinwachsen der Menschen in ein Erleben der Geistwelt zu befördern. Es stand damit durchaus im Gegensatz zu seiner Begründung.

Rudolf Steiners Prüfung war weiter dadurch bedingt, dass er die moderne Naturerkenntnis und das Denken, das aus ihr folgen kann, zwar nicht in ihrem tatsächlichen Auftreten, aber in ihren Möglichkeiten als Ausgangspunkt für die Einsicht in die geistige Welt erachtete. In aller Tiefe hatte er sich als ein erlebend im Geistigen stehender Mensch mit den Vereinseitigungen der naturwissenschaftlichen Denkrichtungen auseinanderzusetzen, hinter denen geistig Wesenhaftes stand und sich stark geltend machte. *«Von ahrimanischen Wesenheiten habe ich später gesprochen, wenn ich in diese Richtung weisen wollte.»* (L, 256) *«Mit meinen eigenen Ideen bin ich keinen Augenblick dieser Welt verfallen.»* (L, 256) Es ist aber für Rudolf Steiner als einen nach geistiger Erkenntnis suchenden Menschen notwendig, diese Welten zu erleben. *«Ich musste mir damals meine Geistanschauung in inneren Stürmen retten.»* (L, 256)

Die erste Prüfung ist eine in der Anschauung des gewordenen Christentums zu erlebende, die zweite betrifft die Auseinandersetzung mit solchen ahrimanischen Wesenheiten, die seinen Weg bedrohen. Mit der dazugehörenden Verdunkelung hatte sich schon der Knabe beschäftigt, wenn er sich für das Mechanische seiner Umgebung, den Eisenbahnbetrieb, interessierte. Dass *«die Welt Maschine sein müsse»* (L, 256), wollen diese Wesen geltend machen. Rudolf Steiner betont dann: *«Ich konnte in dieser Prüfungszeit nur weiterkommen, wenn ich mit meiner Geist-Anschauung die Entwicklung des Christentums mir vor die Seele rückte.»* (L, 256) Und zwar nicht des in den christlichen Bekenntnissen enthaltenen, sondern eines solchen, das er suchen musste und in das er sich versenken musste *«in der Welt, in der das Geistige darüber spricht»* (L, 256).

Die Zeit dieser Prüfungen war die Zeit vor der Jahrhundertwende, also von etwa 1897 an. *«In der Zeit, in der ich die dem Wortinhalt nach Späterem so widersprechenden Aussprüche über das Christentum tat, war es auch, dass dessen wahrer Inhalt in mir begann keimhaft vor meiner Seele als innere Erkenntnis-Erscheinung sich zu entfalten.»* (L, 257) Das Erleben des Seelenumschwungs, der Meditation und der Wahrheit des erkennenden Menschen als Logos, als Wort, mit dem ganzen Menschen sind zugleich Schritte in der geistigen Erforschung der Entwicklung des Christentums. *«Auf das geistige Gestanden-Haben vor dem Mysterium von Golgatha in innerster, ernstester Erkenntnis-Feier kam es bei meiner Seelen-Entwickelung an.»* (L, 257)

Das nächste Kapitel beginnt Rudolf Steiner mit dem Satz: *«Mir schwebte damals vor, wie die Jahrhundertwende ein neues geistiges Licht der Menschheit bringen müsse.»* (L, 258) Denken und Wollen in ihrer Abgeschlossenheit zeigen wie in einer thermometrischen Funktion den Bewusstseinszustand des Jahrhunderts an. *«Und so lebte das neunzehnte Jahrhundert in seinen Extremen durch die Impulse, die durch Hegel und Stirner sich ausdrücken: unpersönliches Denken, das am liebsten in einer Weltbetrachtung sich ergeht, an der der Mensch mit den schaffenden Kräften seines Inneren keinen Anteil hat, ganz persönliches Wollen, das für harmonisches Zusammenwirken der Menschen wenig Sinn hat.»* (L, 260) In diesem Wechselspiel zweier Kräfte erlebt Rudolf Steiner im Zuge der sich entfaltenden Freundschaft zu dem Stirner-Kenner und Herausgeber J. H. Mackay eine weitere Seelenprüfung: *«Das Schicksal hatte nun mein Erlebnis mit J. H. Mackay und mit Stirner so gewendet, dass ich auch da untertauchen musste in eine Gedankenwelt, die mir zur geistigen Prüfung wurde. Mein ethischer Individualismus war als reines Innenerlebnis des Menschen empfunden. Mir lag ganz fern, als ich ihn ausbildete, ihn zur Grundlage einer politischen Anschauung zu machen. Damals nun, um 1898 herum, sollte meine Seele mit dem rein ethischen Individualismus in eine Art Abgrund gerissen werden. Er sollte aus einem rein-menschlich Innerlichen zu etwas Äußerlichem abgelenkt werden.»* (L, 262)

Ein weiteres, unmittelbar benachbartes Erlebnis gehört in die gleiche Erzählreihe, auch wenn es von Rudolf Steiner nicht unter den Prüfungen angeführt wird. Im Anschluss an die drei Prüfungserlebnisse, erstens mit der gewordenen Gestalt des Christentums, zweitens mit den ahrimanischen Wesenheiten, welche die Naturerkenntnis nicht zur Geistanschauung, sondern zur mechanistisch materialistischen Denkart machen wollten, und drittens jenem zwischen einem Allgemeinsten und Persönlichsten sich abspielenden Versuch, den ethischen Individualismus, der Denken und Wollen geistig verbindet, in einen Abgrund der Veräußerlichung zu reißen, berichtet Rudolf Steiner (wie in Anlehnung an die dritte Versuchung Christi, Steine zu Brot zu machen) im 28. Kapitel von seiner Wirksamkeit an der Berliner Arbeiterbildungsschule, deren Vorstand ihn als Lehrkraft gewinnen konnte. *«Das Schicksal hatte mich mit dieser Tätigkeit wieder in ein Stück Leben versetzt, in das ich unterzutauchen hatte.»* (L, 266) *«Das Proletarierbewusstsein bestand damals in Empfindungen, die wie Wirkung von Massensuggestionen sich ausnahmen. Viele der Einzelseelen sagten immer wieder: es muss eine Zeit kommen, in der die Welt wieder geistige Interessen entwickelt; aber zunächst muss das Proletariat rein wirtschaftlich erlöst werden.»* (L, 267)

Rudolf Steiners suchte in der Bildungsstätte statt dessen allmählich eine geistige Nahrung wirken zu lassen, wurde aber, als man dies zunehmend bemerkte, aus dieser Lehrtätigkeit wieder herausgedrängt. Aber auch für die höheren Klassen galt, was in den Führern der proletarischen als Hindernis wirkte: *«Alles Tauchen dieser weltbewegenden Fragen in eine geistige Sphäre fehlte.»* (L, 267) *«Es war die Zeit, in der die ‹höheren Klassen› das Gemeinschaftsgefühl verloren, in der der Egoismus mit dem wilden Konkurrenzkampf sich ausbreitete. Die Zeit, in der sich die Weltkatastrophe des zweiten Jahrzehnts des 20. Jahrhunderts schon vorbereitete.»* (L, 267 f.)

## Zusammenfassung

Rudolf Steiner beschreibt in den mittleren Kapiteln des «Lebensganges» (vom 15. bis 28. Kapitel) jene Episode seines Lebens, zwischen seinem 30. und 40. Lebensjahr liegend, die als Beispiel des in den Evangelien erzählten Weges des Christus-Jesus verstanden werden kann. Das, was in der Annäherung an die Sinnessphäre durch die Phantasie beginnt, im geistigen Untertauchen und Durchdringen (in seiner «Philosophie der Freiheit») sich fortsetzt, im Seelenumschwung zum Logos-Charakter seines wirklichkeitsgemäßen Erkennens fortschreitet, will er *Anthroposophie* nennen. In der inneren Einsamkeit der Weimarer und Berliner ersten Jahre hat Rudolf Steiner Seelenprüfungen zu bestehen. All dies entspricht den Motiven des christlichen Entwicklungs- und Einweihungsweges, wovon schon in Anknüpfung an die Darstellungen des fünften Evangeliums durch Rudolf Steiner die Rede war. Der Taufe im Jordan mit der Veränderung des Sinnes, die Johannes fordert, der Einkörperung des Christusgeistes in den ganzen Menschen Jesus von Nazareth, den zu bestehenden Versuchungen durch Luzifer, dann beide Geister und zum Schluss Ahriman. In Entsprechung zum christlichen Geschehen um die Zeitenwende macht Rudolf Steiner in der Auseinandersetzung mit der gewordenen Gestalt des Christentums und deren Jenseitsglauben seine erste, in der mit den ahrimanischen Geistern geschehenden Auseinandersetzung um die Früchte der modernen Naturanschauung seine zweite und in seiner Bewahrung des ethischen Individualismus vor dem Fall in einen Abgrund die dritte Prüfung durch. Die Episode des 4. Jahrzehnts berichtet also von der allmählichen weiteren Einweihung Rudolf Steiners, von der er sagt: *«Auf das geistige Gestanden-Haben vor dem Mysterium von Golgatha in innerster ernstester Erkenntnis-Feier kam es bei meiner Seelenentwickelung an.»* (L, 257)

# V. AM BEGINN DES ÖFFENTLICHEN WIRKENS FÜR ANTHROPOSOPHIE

Die letzten zehn Kapitel des Buches «Mein Lebensgang» erzählen von der Zeit der Entschließung und dem Beginn der öffentlichen Mitteilungen der Erforschung der geistigen Welt durch Rudolf Steiner. Sie beginnen mit der geistigen Atmosphäre zur Zeit des Entschließens, schildern die erste Zeit der Zusammenarbeit mit Marie von Sivers für Anthroposophie innerhalb der Theosophischen Gesellschaft und brechen bei jenem Kapitel ab, von wo aus Rudolf Steiner mit der Darstellung seines Lebensganges zugleich die Geschichte der anthroposophischen Bewegung zu erzählen beginnen will.

Nur der allererste Anfang davon ist in Kapitel 38 enthalten, da Rudolf Steiner in dem Augenblick stirbt, als er seine Lebensbeschreibung bis zu dieser Wirksamkeit für die Gesellschaft geführt hat. Gepflegt und auf seiner letzten Wegstrecke begleitet von seiner ärztlichen Freundin Ita Wegman, stirbt Rudolf Steiner am 30. März 1925. In den Wochen davor schildert er in seinen Lebensgangbeiträgen für die Wochenschrift «Das Goetheanum» recht eindringlich das Wirken Marie von Sivers. Auch in dem letzten Beitrag, der auf den Münchener Theosophischen Kongreß von 1907 näher Bezug nimmt, ist von ihr die Rede.

An dieser Stelle seiner Darstellung wie seines Lebens so kurz vor seinem Tode berühren sich jene beiden großen Themen seiner Wirksamkeit, die durch Marie von Sivers mit der anthroposophischen Bewegung und Gesellschaft und durch Ita Wegman mit dem Michael-Impuls besonders verbundenen Motive seines Lebens. Der Michael-Impuls erhält spätestens seit dem Zyklus von 1919 («Die Sendung Michaels») und besonders mit der Weihnachtstagung eine entschiedenere, auch veröffentlichte Bedeutung für die Gesellschaft. Er spielt aber schon in den Beginn der öffentlichen Tätigkeit Rudolf Steiners für Anthroposophie herein.

## 1. Ein neues Licht in das Werden der Menschheit

In den zuletzt erläuterten Kapiteln war von den Prüfungserlebnissen gesprochen worden, die sich für Rudolf Steiner u. a. daraus ergaben, daß er die neuere Naturerkenntnis zur Grundlage einer Einsicht in die Geistwelt gestalten wollte. Wesen mußte Rudolf Steiner da im Schauen entgegentreten, welche die Welt als Maschine ansehen und aus der modernen Naturanschauung nicht *«Geist-Anschauung, sondern mechanistisch-materialistische Denkart werden lassen»* (L, 256) wollen. Er mußte jenen Kampf erkennend zu gewinnen suchen, in dem Nietzsche als ein nach Geist Strebender, aber zugleich ein *«Gefangener der Naturanschauung»* (L, 184), unterlegen war. Auf diesen Finsternisgrund, den er in seinen Prüfungen zu durchleben hatte, nimmt Rudolf Steiner nun Bezug, wenn er auf das *«neue Licht»* hinweist, das es, wie die Kräfte der Finsternis, zu erfassen gilt.

*«Auf geistigen Gebieten wollte in die Erkenntniserrungenschaften des letzten Drittels des Jahrhunderts ein neues Licht in das Werden der Menschheit einbrechen.»* (L, 269) Wie man im gewöhnlichen Bewußtsein, auch im wissenschaftlichen und philosophischen, die Nähe und den Einfluß bestimmter Wesen in der mechanistisch-materialistischen Denkart verschläft, um einer immer weiteren Zuschärfung der Intellektualität und Erhellung des Bewußtseins entgegenzugehen, so verschläft die hellste Bewußtheit des Intellekts leicht auch das «neue Licht», das sich gerade den Erkenntniserrungenschaften und der gesteigerten Wachheit mitteilen könnte. *«Aber der geistige Schlaf, in den die materialistische Ausdeutung diese Errungenschaften versetzte, verhinderte, dieses auch nur zu ahnen, geschweige denn zu bemerken.»* (L, 269)

Leicht können hier ganz falsche Vorstellungen entstehen. In einem Beispiel zeigt Rudolf Steiner, wodurch man zur Bildung eines Organs für dieses neue Licht gelangen kann. Er betont, daß heute *«fast ganz das Gefühl für die Schönheit des Sprechens und noch mehr für charakteristisches Sprechen»* (L, 269) fehle und daß man künstlerisches Sprechen, *«die künstlerische Ausbildungsfähigkeit der Sprache»* sich bewußt machen könne. Künstlerisches Sprechen macht das Seelenleben stärker, so daß es sich der Betäubung durch die Sinneseindrücke erwehren kann. Marie von Sivers, *«die für Sprachkunst Begeisterte»* (L, 270), wird hier vorausgreifend erwähnt. Sie half später, diesen Impuls in der Anthroposophischen Gesellschaft zu verwirklichen, und sie entwickelte offenbar dieses Organ für das neue Licht durch ihre Liebe zum künstlerischen Sprechen. Dadurch wurde sie zur ersten Mitarbeiterin Rudolf Steiners.

Nachdem das 29. Kapitel zuerst von diesem «neuen Licht» erzählt, schildert es die Freundschaft zu dem früh verstorbenen Dichter Ludwig Jacobowski und zu Martha Asmus, durch die Rudolf Steiner auf ihren Bruder Paul Asmus, einen idealistischen Philosophen und philosophischen Eremiten dieses letzten Drittels des Jahrhunderts, aufmerksam wurde. Die «freie Hochschule» und der «Giordano-Bruno-Bund» und das geistige Streben der darin wirkenden Menschen werden für Rudolf Steiner ein weiterer Anlaß, ein öffentliches Wirken, auch für seine Art von Geist-Erkenntnis, ins Auge zu fassen. Zunächst beteiligt er sich in diesem einer geistig-monistischen Weltanschauung sympathisch gegenüberstehenden Kreis mit einem für Irritationen sorgenden Vortrag über den Monismus in der Scholastik. Später hielt er dann in diesem Giordano-Bruno-Bund seinen grundlegenden anthroposophischen Vortrag, *«der der Ausgangspunkt* [seiner] *anthroposophischen Tätigkeit»* (L, 274) geworden ist.

Dazu bedurfte es aber erst der Entschlüsse, sich über die Verschwiegenheit derer hinwegzusetzen, die uraltes Wissen pflegten, es aber vor der Außenwelt verborgen hielten. *«Ich mußte mich, sollte ich eine öffentliche Tätigkeit für Geist-Erkenntnis entfalten, entschließen, mit dieser Tradition zu brechen. Ich sah mich vor die Bedingungen des geistigen Lebens der Gegenwart gestellt.»* (L, 275) Und diesem gegenüber erschien es als Anachronismus, an der Geheimhaltungsregel festzuhalten, zumal er nicht von anderen übernommenes, sondern selbst erforschtes geistiges Wissen mitteilen wollte. Menschen, die diesem alten Wissensstrom verbunden blieben, waren der früher erwähnte Kräutersammler Felix und der hier erstmals ausführlich erwähnte Friedrich Eckstein.

Rudolf Steiner entschließt sich also, von diesem «neuen Licht», das der Menschheit eine echte Vertiefung ihres Erkenntnisstrebens bringen will, öffentlich zu sprechen. Indem er dies tut, begegnen ihm auch jene Menschen, die sich fortan aktiv an seine Seite stellen, weil sie nicht, wie so viele, die geistigen Veränderungen verschlafen, sondern rechtzeitig erfaßt haben. «Über denen, die wohnen im Lande des Todesschattens, erstrahlet ein Licht», so hatte Matthäus, der Evangelist, mit den Worten des Propheten Jesajas den Beginn des öffentlichen Wirkens des Jesus bezeichnet. Der Christus Jesus wählt sich, nach dem Bestehen der Versuchungen in der Einsamkeit, für sein sich entfaltendes Wirken Jünger. Wie sich das öffentliche Wirken Rudolf Steiners in seinen Anfängen darstellt, schildern die folgenden Kapitel.

## 2. Anknüpfung an Goethes Märchen

Im 30. Kapitel seines «Lebensganges» schaut Rudolf Steiner auf die bedeutsame Lebenszeit von 1899 bis 1902. Es ist diese Zeit der Übergang von einer exoterischen zu einer esoterisch wissenschaftlichen Tätigkeit. Die davorliegende und auch die sich später anschließende Periode erhalten dadurch ein deutlicheres Profil. «*Der Wille, das Esoterische, das in mir lebte, zur öffentlichen Darstellung zu bringen, drängte mich dazu, zum 28. August 1899, als zu Goethes hundertfünfzigstem Geburtstag, im Magazin einen Aufsatz über Goethes ‹Märchen von der grünen Schlange und der schönen Lilie› unter dem Titel ‹Goethes geheime Offenbarung› zu schreiben.*» (L, 276) Noch vor dem Ende des Jahrhunderts, in dessen letztem Drittel ein «neues Licht» in die Entwicklung kommen wollte, liegt also der Schritt, ein Esoterisches in Anknüpfung an Goethes Märchen für ein Publikum faßbar zu machen.

Schon in früheren Darstellungen des «Lebensganges» ist Rudolf Steiner auf die damit bezeichnete Thematik zugegangen. Zunächst hat er im 3. Kapitel von seiner Beschäftigung mit Schillers ästhetischen Briefen in der Zeit seines Studiums in Wien und später, im 12. Kapitel, dann von Goethes Märchendichtung mit Bezug auf Schillers Ringen um eine Anschauung des wahren Menschen gesprochen. «*Seit den achtziger Jahren beschäftigten mich Imaginationen, die sich bei mir an dieses Märchen geknüpft haben* (L, 276), berichtet er im 30. Kapitel. Die erste Beschäftigung läßt der «Lebensgang» unerwähnt. Um 1890 wird dann Goethes «Rätselmärchen» für Rudolf Steiner selber zum Rätsel. Schiller hatte die Frage nach der menschlichen Seele, «*der Anschauung vom wahren Menschen*» (L, 123) philosophisch zu lösen versucht. In den Ausrichtungen der Seele zu den Formen, welche der Geist in der Vernunft prägt, erlebt die Seele ihr eigenes Wesen zunächst genau so wenig frei wie im Stoffgebiet, wohin sich ihr Blick durch die Sinne öffnet. Die logische Notwendigkeit auf der einen und die Naturgesetzlichkeit auf der anderen Seite scheinen einen eigentlichen Freiraum der Seele nicht zu eröffnen. Schillers Entdeckung, Form- und Stofftrieb aufeinander anzuwenden, *«in die sinnliche Betätigung die Vernunft einzuführen»* und das Sinnliche in eine höhere Sphäre heraufzuheben, wo es *«wirkt wie das Geistige»* (L, 123), öffnen dem Menschen eine mittlere Sphäre zwischen dem logischen und dem natürlichen Zwang. Eine solche Stimmung ist dem Menschen zugänglich, *«wenn er in dem Künstlerischen lebt»* (L,123). Die Frage *«wie findet das schattenhaft Geistige in der Seele das Sinnlich-Körperhafte, und wie arbeitet sich das Naturhafte im physischen Körper zum Geistigen hinauf?»* (L, 124) beantwortet Schiller philosophisch-begrifflich, Goethe in märchenhaft-poetischer Anschauung.

Gegenüber Schiller hatte sich Rudolf Steiner zunächst, in den achtziger Jahren, gefragt, ob sich nicht neben dem ästhetischen Zustand, der die Schönheit der Welt erleben will, auch ein Bewußtseinszustand denken lasse, *«der die Wahrheit im Wesen der Dinge vermittelt.»* (L, 45) Um 1890, als er in beiden Freunden diese Frage nach der Anschauung des wahren Menschen lebendig sah, stellt er dem Schiller'schen Lösungsversuch den Goethes an die Seite und beginnt, ihn zum Meditationsstoff zu machen. Im Rückblick auf das Jahr 1899 nennt Rudolf Steiner dann Schillers Lösung *«geistvoll; aber für das wirkliche Seelenleben viel zu einfach.»* (L, 276)

Es lohnt sich, näher hinzusehen, womit diese Umwertung zusammenhängt, die eine frühere Schätzung von Schillers Kennzeichnung des mittleren Zustandes nun, fast 20 Jahre später, als viel zu einfach erscheinen läßt. Das wirkliche Seelenleben *«läßt seine Kräfte, die in den Tiefen wurzeln, im Bewußtsein aufleuchten; aber im Aufleuchten, nachdem sie andere, ebenso flüchtige beeinflußt haben, wieder verschwinden. Das sind Vorgänge, die im Entstehen schon vergehen; abstrakte Begriffe aber sind nur an mehr oder weniger lang Bleibendes zu knüpfen.»* (L, 276) Goethe habe, dies empfindend, sein Bildwissen im «Märchen» dem Schillerschen Begriffswissen gegenüber gesetzt. Die *«Bilder von dem Flusse, der zwei Welten trennt, von Irrlichtern, die den Weg von der einen Welt in die andere Welt suchen, von der Schlange, die sich hingeben muß, um eine Brücke zwi-*

*schen den beiden Welten zu bilden, von der ‹schönen Lilie›, die ‹jenseits› des Flusses nur als waltend im Geiste erahnt werden kann»* (L, 124), führen den Erlebenden in den «*Vorhof der Esoterik*» (L, 277).

Zur ersten Erfassung der Gebiete des Seelenlebens waren die philosophischen Begriffe Schillers hilfreich. Mit Goethes Bildern gelangt der Erkenntnissucher nun näher an die Geschehnisse heran. Sie verwandeln sich, bewegen sich mit und tragen dadurch das Bewußtsein selbst in die wirklichen Tiefen des Seelenlebens, aus dem das Oberflächenbewußtsein je und je seine Eindrücke empfängt.

In seinen die «Leitsätze» kommentierenden «Briefen an die Mitglieder der allgemeinen Anthroposophischen Gesellschaft», die etwa um die gleiche Zeit wie seine Ausführungen des «Lebensganges» entstanden, hat Rudolf Steiner diesen flüchtigen Kräften nähere Aufmerksamkeit gewidmet. Er spricht dort, etwa in dem Beitrag «Die Freiheit des Menschen und das Michael-Zeitalter» (Goetheanum, NB, 22. Februar 1925, S. 29) von dem sinnenfälligen Wahrnehmen der Außenwelt als einem *«Malen im Geistwerden und Geistvergehen»* und stellt ihm jenen verborgenen Vorgang zwischen Menschenseele und Außenwelt gegenüber, der in einem zurückliegenden Teile des Seelenlebens sich vollzieht und zur Grundlage der Erinnerungsbildung dient. Der Vergangenheitsbezug der Erinnerungskräfte darf sich aber nicht so geltend machen im menschlichen Bewußtsein, daß die Eindrücke der Außenwelt fortwährend als Vorstellen im Bewußtsein leuchten. «*Dieses luziferische Bestreben würde von Erfolg gekrönt sein, wenn die Michael-Kraft ihm nicht entgegenwirkte. Sie läßt das im innern Lichte Gemalte nicht zum Sein erstarren, sondern erhält es im entstehenden und vergehenden Bilde.*» (ebda. S. 29) Die überschüssige, Luzifer verdankte Kraft könne, so Rudolf Steiner, in imaginierende Kraft umgewandelt werden. *«So wird, was Michael bewahrt vor dem Erstarren im Menschen-Innern, von der geistigen Welt aufgenommen.»* (ebda. S. 29) Das «neue Licht», das in die Erkenntniserrungenschaften, in das Werden der Menschheit hereinbrechen wollte, geht einerseits auf den Impuls Michaels zurück, der in der modernen Naturwissenschaft die erkennenden Kräfte, welche sich in der Naturerfassung herausgearbeitet haben, für den freien Gebrauch des Menschen erringen will. «*Was der Mensch von der Kraft der bewußten Imagination erlebt, das wird zugleich Welt-Inhalt. Daß dies so sein kann, ist ein Ergebnis des Mysteriums von Golgatha. Die Christus-Kraft prägt die Menschen-Imagination dem Kosmos ein.»* (ebda, S. 29)

## 3. Wenn nicht die Hemmnisse vorhanden gewesen wären

Rudolf Steiners Entschluß, das Esoterische zur öffentlichen Darstellung zu bringen, erfährt bald darauf eine merkwürdige Resonanz. Für einen Kreis von Theosophen in Berlin zu einem Vortrag über Nietzsche eingeladen, bemerkt er bei diesem Anlaß, *«daß innerhalb der Zuhörerschaft Persönlichkeiten mit großem Interesse für die Geistwelt»* waren (L, 277). Für diese hielt er dann unter dem Titel «Goethes geheime Offenbarung» einen Vortrag über Goethes Märchen, in dem er *«ganz esoterisch»* (L, 277) wurde. In diesem Kreis fanden dann auch die Vorträge «Die Mystik im Aufgang des neuzeitlichen Geisteslebens» statt.

Hier erzählt Rudolf Steiner auch von der ersten Begegnung mit einer für alles Weitere bedeutenden Persönlichkeit. *«Bei diesen Vorträgen erschien eines Tages als Zuhörerin Marie von Sivers, die dann durch das Schicksal ausersehen ward, die Leitung der bald nach Beginn meiner Vorträge gegründeten ‹Deutschen Sektion der Theosophischen Gesellschaft› mit fester Hand zu übernehmen.»* (L, 278) Ihre Erwähnung im vorangehenden Kapitel entspricht gewissermaßen einer inneren Ankündigung solcher Begegnungen, was auch Rudolf Steiners wiederholten Bezug auf die Scholastik in dieser Zeit erhellt. Er ist der Gesamtzusammenhang, in dem diese Begegnung als Anknüpfung an ein früheres Schicksals stattfindet.

Rudolf Steiner hatte versucht, durch die Philosophie, die Naturwissenschaft und das literarische Leben einen Zugang zum Geistigen für die Zeitgenossen zu bahnen. Nun, da er sich zu einer Offenbarung des in seiner Seele lebenden Geistigen entschlossen hatte, kamen Menschen auf ihn zu, welche seine Art der Darstellung des Geistigen ansprach. Darunter Marie von Sivers. Man erinnere sich dazu seiner anläßlich der Goethe-Arbeit gemachten Bemerkung darüber, *«wie Karma im Menschenleben wirkt»* (L, 121). *«Das Schicksal setzt sich zusammen aus zwei Tatsachengestaltungen, die im Menschenleben zu einer Einheit zusammenwachsen. Die eine entströmt dem Drange der Seele von innen heraus;*

*die andere tritt von der Außenwelt her an den Menschen heran.»* (L, 121) Dieses Herankommen eines Menschenkreises und zumal seiner ersten Mitarbeiterin Marie von Sivers führt dazu, daß Rudolf Steiner innerhalb der neu begründeten Sektion *«vor einer sich immer vergrößernden Zuhörerschaft seine anthroposophische Tätigkeit entfalten»* konnte (L, 278). Der Gesichtspunkt dieser Studie erlaubt es aus Platzgründen nicht, die sich anschließenden Ausführungen über die theosophischen Kreise bis zu Rudolf Steiners Besuch in England 1902 zu verfolgen. Doch erfordert sie, noch anderes aus diesem recht umfangreichen Kapitel herauszugreifen.

Dazu gehört eine weitere Folge von Vorträgen, die Rudolf Steiner im Kreise der um Graf und Gräfin Brockdorff versammelten Berliner Theosophen hielt. Das Thema lautete: «Das Christentum als mystische Tatsache». Man erinnere sich noch jenes Gesprächs Rudolf Steiners mit Pater Neumann über die Wesenheit Christi und Rudolf Steiners Auffassung, *«wie Jesus von Nazareth durch außerirdischen Einfluß den Christus in sich aufgenommen habe»* (L, 84). Diese Ansicht des Mysteriums und sein im Zusammenhang mit den Prüfungen so beschriebenes *«Gestanden-Haben vor dem Mysterium von Golgatha in innerster, ernstester Erkenntnis-Feier»* (L, 257) veranschaulichen den Umstand, daß Rudolf Steiners Vorträge über «das Christentum als mystische Tatsache» auf eigenen Beschäftigungen und Erlebnissen seit vielen Jahren aufbauen und nicht durch ein Quellenstudium bedingt sind. Er stellt nun dar, wie in der Entwicklung zum Christentum nicht nur irdische geschichtliche *«sondern geistige, außerirdische Impulse»* (L, 280) wirken. *«Und ich wollte zeigen, daß in den alten Mysterien Kultbilder kosmischer Vorgänge gegeben waren, die dann in dem Mysterium von Golgatha als aus dem Kosmos auf die Erde versetzte Tatsache auf dem Plane der Geschichte sich vollzogen.»* (L, 280) Diese, wie Rudolf Steiner bemerkt, *«in vollem Gegensatz zur damaligen theosophischen Dogmatik stehende Anschauung»* (L, 280) vertrat er bei seinem ersten Wirken innerhalb der theosophischen Kurse. Und dennoch wurde er 1902 Generalsekretär der deutschen Sektion. Daß auch Marie von Sivers zu den Adressaten dieser Vorträge gehört hat, dürfte nicht unwesentlich sein.

Während Rudolf Steiner in London weilt, nimmt er die Gelegenheit wahr, die naturwissenschaftlichen und historischen Sammlungen der

Stadt zu besuchen. Wie er ja immer um weitesten Ausgleich der geistigen Betätigungen bemüht ist, gehen ihm da *«manche Ideen über Natur- und Menschheitsentwicklung auf»* (L, 281). Der modernen, naturwissenschaftlich gearteten Wissensrichtung gegenüber sah er sich gedrängt, auf die Geister der Scholastik zu blicken, die *«wenigstens noch begrifflich mit dem Geist»* (L, 281) lebten. Daß man bei all den Errungenschaften nur messen, wiegen und vergleichen, sich aber niemals nach dem höheren Sinn der Dinge und Erscheinungen (L, 281) fragen wollte, führte Rudolf Steiner statt in das wissenschaftliche Bewußtsein seiner Zeit zu seiner Wirksamkeit für Anthroposophie innerhalb der Theosophischen Gesellschaft.

*«Wie in das meiner Seele vorbestimmte Element, ging ich in eine Betätigung, die ihre Impulse in der Geist-Erkenntnis hatte, hinein.»* (L, 282) *«Aber ich habe auch heute noch das Gefühl, daß, wenn nicht die hier geschilderten Hemmnisse vorhanden gewesen wären, auch mein Versuch, durch das naturwissenschaftliche Denken hindurch zur Geistwelt zu führen, ein aussichtsvoller hätte werden können.»* (L, 283)

Rudolf Steiners individuelles Bestreben geht also dahin, seine Geisteswissenschaft in das wissenschaftliche und kulturelle Bewußtsein seiner Zeit hineinzustellen. Doch kommen ihm hier zunächst keine Interessen der Zeitgenossen entgegen. Daß er Anthroposophie nicht hier, sondern im Kreise jener aus der Theosophischen Gesellschaft an ihn herantretenden Menschen entfaltet, wird man als schicksalhaft ansehen dürfen. Die Wege seiner Schriften «Theosophie», «Geheimwissenschaft im Umriss» und «Wie erlangt man Erkenntnisse der höheren Welten?» führen zwar in einer an der Naturwissenschaft gebildeten Bewußtheit, nicht aber durch das naturwissenschaftliche Denken und seine Inhalte in die Geistwelt. Solche Inhalte hätten sich ergeben, wenn der Sinn der durch Wägen, Messen und Vergleichen in die Beobachtung gestellten Dinge hätte untersucht werden dürfen.

Im weiteren Verlauf des Kapitels gibt Rudolf Steiner einige Hinweise, wie dieser Weg hätte aussehen können. Er erzählt von der weiter an ihn herangetragenen Aufforderung «Welt- und Lebensanschauungen im 19. Jahrhundert» darzustellen. Er hatte dazu das ganze Jahrhundert, in das er hereingewachsen war, zu überschauen. Besonders interessant ist darin sein Eingehen auf die naturwissenschaftliche Anschauungsart. Er sah in der naturwissenschaftlichen Entwicklungsreihe *«etwas, worin der Geist die Lebewesen von den einfachen durch die komplizierten bis herauf zum Menschen führt»* (L, 284). *«Das alles war von mir im ideellen Inhalte noch* gedacht; *zur imaginativen Anschauung arbeitete ich mich erst später durch.»* (L,284) Die geistigen Impulse dachte Rudolf Steiner dabei in der Art von Goethes Metamorphosenidee, nicht in der Art der Idee Haeckels, der *«überhaupt nichts vom wirklichen Geist»* (L, 286) wußte, vielmehr schon die Kräfte als Geist ansah.

## 4. Das voranthroposophische und öffentlich anthroposophische Wirken

Hatte Rudolf Steiner im 29. Kapitel von dem neuen Licht und dem Entschließen zur Veröffentlichung, im 30. von dem Esoterisch-Werden in «Goethes geheime Offenbarung» gesprochen, setzt er im 31. Kapitel seine Darstellung des anthroposophischen Werdens mit dem Freundschaftsbund fort, der ihn und Marie von Sivers verbindet.

In Marie von Sivers fand er den Menschen, in dem sein Lebensmotiv, für das allgemein Menschliche und aus diesem heraus zu handeln, in einer eigenständigen Weise lebte. Rudolf Steiner drückt es so aus: *«Marie von Sivers war* die *Persönlichkeit, die durch ihr ganzes Wesen die Möglichkeit brachte, dem, was durch uns entstand, jeden sektiererischen Charakter fernzuhalten und der Sache einen Charakter zu geben, der sie in das allgemeine Geistes- und Bildungsleben hineinstellt.»* (L, 291)

Dieses Hineinstellen des öffentlich anthroposophischen Wirkens in das allgemeine Bildungsleben ist auch das Thema des gesamten Kapitels, das zunächst mit dem Zusammenhang von voranthroposophischem Seelenleben und öffentlich anthroposophischem Wirken beginnt. Denn wie Rudolf Steiner es auch in seiner «Philosophie der Freiheit» ausgedrückt hat, führen die Werke dieser Schaffensphase, wie das bereits angesprochene über «Welt- und Lebensanschauungen im 19. Jahrhundert», ein thematisch vergleichbares, wenn auch kürzeres über die Literatur dieses Zeitraumes und der Aufsatz über den «Egoismus (bzw. den Individualismus) in der Philosophie» bis an die Schwelle der geistigen Welt. Sie bleiben aber *«vor dem Tore der Geistwelt»* stehen und vermeiden es, über das dem bloßen Denken Erreichbare hinauszuschreiten. Mit den Vorträgen über die «Mystik», und «Das Christentum als mystische Tatsache» geschieht dann dieser Schritt zur geistigen Anschauung, aber in einer Weise, die das Vorangehende als *«Grundlage für die Anthroposophie»* (L, 290) ersichtlich macht. Denn der Begriff der Mystik ist hier im Sinne des *«objektiven Erkennens»* (L, 290) entwickelt, und auch die «Theosophie» folgt, wo sie sich *«in freiem Erbilden der geistigen Welt»* betätigt, diesem Ideal. *«Dieses Erbilden wächst aus dem Naturwissenschaftlichen wie die Blüte einer Pflanze aus dem Stengel und den Blättern.»* (L, 290) Zunächst wurde Rudolf Steiner in seiner Umgebung damit kaum verstanden. *«Man hielt eben Wissenschaft mit dem abgeschlossen, was vor der Anthroposophie liegt, und hatte gar keine Neigung dazu, die Ideen der Wissenschaft so zu beleben, daß das zur Erfassung des Geistes führt.»* (L, 291)

Den Entschließungen zur Veröffentlichung begegneten also Schwierigkeiten, aber auch in der 1902 beginnenden gemeinsamen Führung der deutschen Sektion der Theosophischen Gesellschaft Möglichkeiten der Entfaltung. Marie von Sivers brachte durch ihren Entwicklungsweg die Kunst des Sprechens, ihr Interesse für Dramatisches und Deklamatorisch-Rezitatorisches in das gemeinsame Wirken hinein. Es entstand eine tiefe Freundschaft zwischen Rudolf Steiner und Marie von Sivers. *«Und auf der Grundlage dieser Freundschaft entfaltete sich ein Zusammenarbeiten auf den verschiedensten geistigen Gebieten im weitesten Umkreis. Anthroposophie, aber auch dichterische und rezitatorische Kunst gemeinsam zu pflegen, war uns bald Lebensinhalt geworden.»* (L, 291) Daß dieses Zusammenwirken in der Orientierung des allgemein Menschlichen zu einem fruchtbaren Keim des anthroposophischen Lebens werden konnte, ist einsichtig. *«In diesem gemeinsam gepflegten geistigen Leben konnte allein der Mittelpunkt liegen, von dem aus Anthroposophie zunächst im Rahmen der Theosophischen Gesellschaft in die Welt getragen wurde.»* (L, 291)

Während Marie von Sivers auch mit den der Theosophischen Gesellschaft in ihrem Beginn geoffenbarten Geist-Inhalten vertraut war und an das darin gepflegte Geistesleben innerhalb der Theosophie «würdig» angeknüpft werden konnte, ging ein Hauptanliegen der gemeinsamen Wirksamkeit in die Einrichtung öffentlicher Vorträge, wodurch allmählich ein weiteres Publikum für die neue Geisteswissenschaft entstand. Aus beiden Zuströmen, den für diese Art der Geisteswissenschaft sich erwärmenden Theosophen und den durch die öffentliche Wirksamkeit für die Geisteswissenschaft Angesprochenen bildete sich allmählich das heraus, *«was später Anthroposophische Gesellschaft wurde»* (L, 292).

Zunächst war die Anknüpfung an die Theosophische Gesellschaft durch die Tatsachen gerechtfertigt, denn sie war *«die einzige ernstzunehmende Institution, in der reales Geistesleben vorhanden war.»* (L, 293) Der später seit 1906 zu bemerkende Zerfall führte dann 1913 zum Ausschluß und damit zur Unabhängigkeit von der Theosophischen Gesellschaft.

## 5. Anthroposophische Bewegung

Die folgenden Kapitel (32 – 34) handeln von der anthroposophischen Bewegung, ihrer Begründung und Grundlage im Geistigen, von der Entstehung ihres Schrifttums und dem verlebendigenden Einschlag durch die Kunst. Wiederum ist es hilfreich, sich das Voraufgehende kurz zu vergegenwärtigen. Rudolf Steiner faßt in der Wende vom 19. ins 20. Jahrhundert Entschlüsse, die zu einem öffentlichen Darstellen der Anthroposophie führen. Diese beziehen sich auf das neue Licht, das in die Erkenntniserrungenschaften hereinbrechen wollte, welches aber durch die geistige Verfinsterung zunächst nicht aufgefaßt werden konnte. In ihm selbst lebt das Geistige, und er beginnt es, in Anknüpfung an «Goethes geheime Offenbarung» darzustellen. Die innere Wesenheit, die er nach außen bringen will, bedarf aber eines entgegenkommenden Bedürfens, was durch die Einladung von Graf und Gräfin Brockdorff zu ersten Vorträgen, durch die Wirksamkeit für die Theosophische Gesellschaft und die Keimzelle eines gemeinsamen anthroposophischen Strebens in der Freundschaft mit Marie von Sivers sich entfaltet.

Auf all dies blickt Rudolf Steiner hin, wenn er nun von der Begründung der anthroposophischen Bewegung mit dem Beginn des Jahrhunderts spricht. *«Seit dieser Begründung ist»*, so sagt er da, *«nie etwas Wesentliches in ihr getan worden, was nicht aus dem inneren Leben des Geistes veranlaßt gewesen wäre»* (L, 295). Die *«geistigen Impressionen»*, die damals in ihm lebten, hat Rudolf Steiner dann in Vorträgen, Abhandlungen und Büchern gestaltet. In der Zeitschrift «Luzifer», was einfach «Lichtträger» bedeutete, und nicht auf die dem Ahrimanischen entgegengesetzte Kraft bezogen war, wurden zunächst die wesentlichsten Beiträge veröffentlicht. Dabei sollte Anthroposophie trotz des Einklangs der Arbeit in der Theosophischen Gesellschaft aus *«eigenem Keim»* (L, 299) sich entwickeln und nicht inhaltlich von dem in der Theosophie Gegebenen abhängig sein. Aus den in der Zeitschrift «Luzifer» veröffentlichten Beiträgen von «Wie erlangt man Erkenntnisse der höheren Welten?», oder der Kosmologie der Aufsätze *«Aus der Akasha Chronik»* *«erwächst die anthroposophische Bewegung»* (L, 301).

Auch hier ist durchaus ein sinnenhaftes Moment der Darstellung beachtenswert. Rudolf Steiner und Marie von Sivers hatten gemeinsam die Zeitschrift begründet. Er verfaßte den größten Teil der Beiträge, und sie besorgte die Korrespondenz. *«Wenn eine Nummer fertig war, dann besorgten wir selbst das Fertigen der Kreuzbände, das Adressieren, das Bekleben mit Marken und trugen beide persönlich die Nummern in einem Waschkorbe zur Post.»* (L, 300) Als sich die öffentliche Wirksamkeit immer mehr ausweitete, mußte trotz ständig steigender Abonnentenzahlen die Zeitschrift wegen Überlastung des Redakteurs eingestellt werden.

Reizvoll wäre es, auch auf andere Aspekte dieses Kapitels näher einzugehen wie z. B. das Verhältnis zu den deutschen, in absurden wissenschaftlichen Vorstellungen steckenden Theosophen und zu der Geistesart des damals maßgeblich innerhalb der englischen Theosophie in der Gestalt Annie Besants Wirkenden näher einzugehen. Man müßte dies im Rahmen einer längst überfälligen Studie tun, welche die theosophische Kosmologie und Anthropologie H. P. Blawatskys mit der ganz veränderten Gestalt vergleicht, die sie bald darauf in der durch Rudolf Steiner gegebenen Darstellung erhält. Sein in wissenschaftlicher Methode gefasstes übersinnliches Schauen und die lebendige künstlerische Stilistik seiner Darstellung weisen ihn im Vergleich mit anderen als einzigartig zur Begründung einer Geistes*wissenschaft* berufenen Menschen aus.

Von Annie Besant sagt Rudolf Steiner: *«Das innere Herankommen an die geistige Welt mit der Seele, das hatte sie.»* (L, 304) Aber Annie Besant kann sich dem Geistigen nur in herabgestimmter Bewußtheit, nicht in voller Besonnenheit mit ihrem Erkenntniswillen nähern. Dies ist der entscheidende Bewußtseinsunterschied zur Theosophie. Indem der anthroposophisch Strebende sein Ideen-Erleben an die geistige Welt heranbringt, *«hat er einen Seelen-Inhalt, der so erlebt wird wie der mathematische.* […] *Man denkt in Bildern der Geist-Welt. Es ist, im Gegensatz zu dem wachträumenden alten Geist-Erkennen, das vollbewusste Drinnenstehen in der geistigen Welt»* (L, 304/5). – In diesem Sinne richteten Rudolf Steiner und Marie von Sivers von Berlin aus ihre Vorträge und Veranstaltungen aus. Dadurch entstand das geisteswissenschaftliche Wirken auch andernorts, in München, Stuttgart usw.

Für sein geistiges Forschen betont Rudolf Steiner, daß er einerseits ganz in der Geist-Welt darinnenstand, die Imaginationen, Inspirationen und Intuitionen aber erst allmählich zu dem in seinen Schriften gegebenen Bau der Anthroposophie zusammentraten. *«Für mich waren die Jahre etwa von 1901 bis 1907 oder 1908 eine Zeit, in der ich mit allen Seelenkräften unter dem Eindruck der an mich herankommenden Tatsachen und Wesenheiten der Geistwelt stand.»* (L, 307)

Auch in der Gestaltung seiner Werke wollte Rudolf Steiner ein Aufwecker des Geisteslebens im Leser sein. Er fordert denkende Mittätigkeit und will sich nicht durch einen emotionalen Stil an die träumenden Bewusstseins-Schichten seiner Leser wenden. Marie von Sivers trat Rudolf Steiner durch ihre Kunst der Wortgestaltung an die Seite. Das Wort, in der neueren Zeit nur der Verständigung und Mitteilung dienend, wollte sie in jenen Bereich zurückführen, wo es seinen Urstand hat, im Ertönen des Göttlich-Geistigen in der Menschenseele. *«Marie von Sivers' Rezitation … war der Ausgangspunkt für den künstlerischen Einschlag in die anthroposophische Bewegung.»* (L, 312)

## 6. Der Bau der Anthroposophie und die Anthroposophische Gesellschaft

Vom Inhaltlichen der neuen Erkenntniserrungenschaften über die geistige Bewegung gelangt Rudolf Steiner im weiteren Fortgang seiner Schilderung der Frühphase des anthroposophischen Lebens nun zu den Gestaltungen, zur Form. Darin kommt er auf den Unterschied zwischen seinen Schriften und den Privatdrucken zu sprechen, auf den Bau der Anthroposophie in seinem Werk und die Anthroposophische Gesellschaft. Zuletzt, bevor er ein neues Kapitel des Werdegangs aufschlägt, handelt er vom Reifwerden der übersinnlichen Erkenntnis.

Von dem Erkenntnis-Sehnen der Zeit, das über die Fesselung an die Sinne und deren Inhalte hinausgehen will, aber den Mut nicht findet, die auf das Mechanistische gehenden Denkgewohnheiten zu überwinden spricht der Beginn des 35. Kapitels. Will man mehr erkennen, als was die Sinne zu erkennen geben, *«so muß man sich aus den tiefer liegenden Erkenntniskräften eine Gestalt geben, die den Sinneskräften die Natur gibt»* (L, 314). Der Darstellungsstil seiner Werke ist darin vorbildlich.

Dabei gliedert sich das anthroposophische Wirken in zwei Bereiche: den seiner veröffentlichten Bücher und den der Kurse, die zunächst als Privatdrucke für die theosophische und später anthroposophische Mitgliedschaft gedacht waren. *«Wer mein eigenes inneres Anliegen und Arbeiten für das Hinstellen der Anthroposophie vor das Bewußtsein der gegenwärtigen Zeit verfolgen will, der muß das anhand der allgemein veröffentlichten Schriften tun. Da ist gegeben, was sich mir im ‹geistigen Schauen› immer mehr gestaltete, was zum Gebäude der Anthroposophie – allerdings in vieler Hinsicht in unvollkommener Art – wurde.»* (L, 315) Das Gebäude der Anthroposophie ist ganz aus dem inneren Schauen errichtet.

In den Vorträgen gegenüber der Mitgliedschaft ging Rudolf Steiner in seinem anthroposophischen Wirken auf die Seelenbedürfnisse der Mitglieder ein, die sich z. B. auf eine Deutung der Evangelien und überhaupt der Bibel aus anthroposophischer Sicht bezogen; *«in den Privatdrucken ringt und arbeitet die Gesellschaft mit»* (L, 316), indem sie zugleich *«reinstes Ergebnis der sich aufbauenden Anthroposophie»* sind. So arbeitet die Gesellschaft, arbeiten die Mitglieder am Bau der Erkenntnis mit. Die Gestaltung der Gesellschaft nimmt dabei an den verschiedenen Orten je nach den Persönlichkeiten einen mehr nach dem Religiösen, Wissenschaftlichen oder Künstlerischen gehenden Zug an.

Wiederum kommt Rudolf Steiner auf die Bedeutung des Künstlerischen für die anthroposophische Bewegung zu sprechen. Indem er mit Marie von Sivers das künstlerische Element, das Rezitatorische und die dramatische Kunst pflegt, lebt er sich auf den Vortragsreisen in den Umkreis der europäischen Länder in die Entwicklung der Architektur, Plastik und Malerei ein. Und auch dies geschah gemeinsam. *«Im praktischen Anschauen der großen Kunstwerke trat vor unsere Seele die Welt, aus der noch eine andere Seelenkonfiguration aus älteren Zeiten in die neuen hinüberspricht. Wir konnten die Seelen versenken in die Geistigkeit der Kunst, die noch aus Cimabue spricht. Aber wir konnten uns auch durch das Anschauen der Kunst in den gewaltigen Geisteskampf vertiefen, den Thomas von Aquino in der Hochblüte der Scholastik gegen den Arabismus führte.»* (L, 324) Durch das fortwährende Eintauchen in das Künstlerische empfing die anthroposophische Bewegung *«neues Leben»* (L, 324). Die Kunst vermag die falsche Sentimentalität abzuhalten, die sich leicht an geistige Bestrebungen heftet.

## 7. Das Reif-Empfinden der Erkenntnis

Der mit dem 29. Kapitel begonnene Erzählteil vom Entschluß zur Veröffentlichung der Anthroposophie schließt im 37. Kapitel mit dem Reif-Werden der Erkenntnis ab. In seinem Zyklus über Kosmologie anläßlich des Pariser Kongresses 1906 wird dies erreicht. Unter dem Eindruck des «neuen Lichtes», das in die Erkenntniserrungenschaften hereinbrechen wollte, zu dem die in der Finsternis lebenden Seelen aber keinen Zugang fanden, entschließt sich Rudolf Steiner zur Veröffentlichung des in ihm liegenden geistigen Wissens. Er knüpft darin zunächst an «Goethes geheime Offenbarung» und in der Folge an einen Begriff von Mystik an, der ein klares übersinnliches Erkennen bedeutet. Es finden Menschen zu ihm, die Vorträge über solche Themen hören wollen. Unter diesen ist bald Marie von Sivers. Diese übernimmt mit Rudolf Steiner zusammen die Leitung der deutschen Sektion der Theosophischen Gesellschaft. Indem sie gemeinsam anthroposophisch und künstlerisch arbeiten, werden sie einander tief befreundet. Aus der gemeinsamen Arbeit entsteht die Möglichkeit der Begründung einer anthroposophischen Bewegung, die sich allerdings rein aus dem Geistigen die Richtung ihrer Entfaltung gibt. Die weisheitsvollen geistigen Impressionen, die am Anfang des Jahrhunderts in Rudolf Steiner leben, impulsieren in ihrer Entfaltung auch durch die Zeitschrift «Luzifer» die Bewegung. Weisheit und Bewegung führen zum geistigen Bau, zur Form der Anthroposophie. Arbeiter an diesem inneren Bau ist Rudolf Steiner und sind auch die Mitglieder der Gesellschaft, die sich aus der Bewegung bildet. Das Künstlerische belebt

die anthroposophische Bewegung und hält Sektiererisches von ihr ab. Indem die in Rudolf Steiner zunächst vereinzelt lebenden Imaginationen, Inspirationen und Intuitionen, die er durch sein Stehen in der Geist-Welt erfährt, sich allmählich zusammenschließen, entsteht die grundlegende Werkgestalt der Anthroposophie. Durch die erweiterte Kunsttätigkeit mit Marie von Sivers und ihre gemeinsamen Besuche der Kunstschätze in den Museen Europas lebt sich Rudolf Steiner in die Entwicklung von Architektur, Plastik und Malerei ein.
Dadurch wird eine anthroposophische Entfaltung auch in diesen Bereichen des Künstlerischen bis hin zur Plastik der Gruppe und dem Bau des Goetheanum eingeleitet. Während Rudolf Steiner anläßlich des Pariser Kongresses in seinem Zyklus ein Reif-Empfinden der Erkenntnisse erlebt, macht er die persönliche Bekanntschaft Edouard Schurés. Was sich daraus und durch Marie von Sivers mit Bezug auf das Dramatische entwickelt, führt, wie bekannt, zur Mysteriendichtung und der weiteren Entfaltung von Anthroposophie.

«*Dieses Reif-Empfinden der Erkenntnis ist etwas Wesentliches im Erforschen der geistigen Welt. Um dieses Empfinden zu haben, muß man eine Anschauung erlebt haben, wie sie zunächst in der Seele herauftaucht. Man empfindet sie zuerst noch als unleuchtend, als unscharf in den Konturen. Man muß sie wieder in die Tiefen der Seele hinuntersinken lassen zur Reifung. Das Bewußtsein ist noch nicht weit genug, den geistigen Inhalt der Anschauung zu erfassen. Die Seele in ihren geistigen Tiefen muß mit diesem Inhalt in der geistigen Welt ungestört durch das Bewußtsein zusammensein.*» (L, 326)

Inhaltlich ist, was bei diesen Vorträgen zur Reife gelangt, die auf die Wesensgliederung des Menschen bezogene Wahrheit, der gemäß der Ätherleib des Mannes weiblich, jener der Frau männlich ist. Diese Entdeckung, die Lösung einer bedeutenden Zeitfrage, ist aber für die sich entfaltende Anthroposophie bedeutsam. «*Durch den physischen Leib steht der Mensch in den Kräften der Erde; durch den Ätherleib in den Kräften des außerirdischen Kosmos. Männlich und Weiblich wird an die Weltgeheimnisse herangeführt.*» (L, 327) Ist nicht die tiefe Freundschaft und intensive Zusammenarbeit mit Marie von Sivers auf vielen Feldern des geistigen Lebens und der Kunst für die Entstehungsphase von Bewegung und Gesellschaft unerläßlich?

## 8. Mit dem 38. Kapitel bricht «Mein Lebensgang» ab

Im 38. Kapitel beginnt Rudolf Steiner einen neuen Erzählabschnitt innerhalb seines Werkes. *«In dem Folgenden wird die Darstellung meines Lebensganges von einer Geschichte der anthroposophischen Bewegung schwer zu trennen sein. Und dennoch, ich möchte nur soviel aus der Geschichte der Gesellschaft bringen, als für die Darstellung meines Lebensganges notwendig ist.»* (L, 328) Bewegung und Gesellschaft sind hier schon enger in ein Verhältnis gebracht. Rudolf Steiner verwendet die Bezeichnungen fast synonym. Doch konnte er seine Ankündigung, über die Entfaltung von Bewegung und Gesellschaft zu berichten, nur noch in wenigen Strichen zur Ausführung bringen.

Zunächst erfahren wir von den beiden entgegengesetzten Polen der anthroposophischen Wirksamkeit, wie sie sich in Berlin und München zu entwickeln begannen. In Berlin, so Rudolf Steiner, entstand *«eine Zuhörer- und Mitgliederschaft, welche die Anthroposophie aufnahm, ohne mit Gefühl oder Ideen nach anderem als nach dieser gerichtet zu sein»* (L, 328). In München wirkte *«in die anthroposophische Arbeit von vornherein das künstlerische Element»* hinein (L, 329). In Berlin entstand ein einheitlicher Zweig, in München verschiedene, durch die künstlerischen Empfindungen individualisierte Kreise.

Ist es nun schon interessant, die anthroposophische Bewegung und Gesellschaft aus der gemeinsamen Tätigkeit Rudolf Steiners und Marie von Sivers' heraus sich entwickeln zu sehen und auf die Persönlichkeit Marie von Sivers' durch die von Rudolf Steiner gegebenen Hinweise zu ihrer Person hinzuschauen, dann dürfte dies auch bei der Kennzeichnung der anderen an der Entwicklung der Gesellschaft in den kommenden Jahren maßgeblich beteiligten Persönlichkeiten der Fall sein. Doch ist hier zunächst, weil mit diesem Kapitel der Erzählstrang abbricht, nur von den führenden Persönlichkeiten der Münchner Kreise, von Gräfin Pauline von Kalkreuth und Sophie Stinde auf der einen und Helene von Schewitsch als dem Mittelpunkt des anderen Kreises die Rede.

Der besonderen Rolle Marie von Sivers' wurde schon anläßlich der ersten Beiträge zum «Lebensgang» gedacht. Daß sie zum richtigen Zeitpunkt die Frage nach der Begründung einer geistigen Bewegung in Europa stellt, was in «Mein Lebensgang» allerdings nicht berichtet wird, wurde dort erwähnt. Hier in diesen abschließenden Kapiteln des «Lebensganges», wo sie fast in jedem Erwähnung findet, verdeutlicht sich noch einmal die Bedeutung, die ihrer Persönlichkeit für die Entwicklung der Gesellschaft zukommt.

Als Rudolf Steiner sich zu einem öffentlichen Wirken für Anthroposophie entschließt, begegnet er ihr als der Persönlichkeit, die *«durch das Schicksal ausersehen ward, die Leitung der bald nach dem Beginn meiner Vorträge gegründeten ‹deutschen Sektion der Theosophischen Gesellschaft› mit fester Hand zu übernehmen»* (L, 278). Alles, was Rudolf Steiner zur Kennzeichnung ihres Wesens beiträgt, ihre Begeisterung für das Wort, ihre das Sektiererische abhaltende Richtungssicherheit im Steuern auf ein allgemein Menschliches zu, ihre Hilfe bei der Belebung des anthroposophischen Wirkens durch die künstlerische Betätigung der Rezitation, ihre Standfestigkeit in der Begründung von Zeitschrift, Verlag und Organisation der Gesellschaft. Eindrucksvoll ist auch das Bild dieser beiden Menschen, Rudolf Steiners und Marie von Sivers', wie sie in einem Wäschekorb die Exemplare der Zeitschrift «Luzifer-Gnosis» zur Post befördern und wie die Zeitschrift immer mehr Abonnenten findet. Es ist in seiner Art kaum weniger ausdrucksmächtig als das der Fischer, allen voran Petrus, die, nachdem sie auf das Wort des Christus-Jesus ihre Netze auswarfen, mit übervollen Netzen zu kämpfen haben. Marie von Sivers ist jener dem Petrus so ähnliche Geist, gleichsam der erste Jünger der sich verbreitenden Anthroposophie, die mit dem neuen Licht auch auf ein neues Christus-Wirken vorbereiten will.

Die um Rudolf Steiner am engsten versammelten tätigen Persönlichkeiten, die sein öffentliches Wirken für Anthroposophie begleiten, gehen mit dem Innersten ihres Wesens und aus eigenem Antrieb in der Richtung auf den Menschheitsrepräsentanten und seine Wirksamkeit in dieser Epoche zu. Eine solche Persönlichkeit ist offenbar auch Sophie Stinde. 30 Jahre nach ihrem Tod, im Jahr 1945, hat Marie Steiner alle Texte und Vorträge Rudolf Steiners anläßlich ihres Todes im Kriegsjahr 1915 unter dem Titel «Treue, Wahrheitssinn und Richtungssicherheit» (nach einem ihr gewidmeten Spruch Rudolf Steiners) herausgegeben. Darin findet sich in der Ansprache, die Rudolf Steiner einen Tag nach ihrem Tod in Berlin gehalten hat, die bedeutende Kennzeichnung, daß sich Sophie Stinde der riesigen Arbeitslast bei der Aufführung der

Mysteriendramen in München zusammen mit ihrer Freundin unterworfen habe, *«in der allerintensivsten Weise, und vor allen Dingen darf gesagt werden, in der allerverständnisvollsten Weise, – in einer Weise, die ganz herausgeboren war aus dem innersten Wesen unserer Sache, aus dem Wollen, das nur selber aus diesem inneren Wesen unserer Sache herausgeboren werden kann.»*[15] Auch sie gehört damit ausdrücklich zu den Jüngerinnen der sich verbreitenden öffentlichen Wirksamkeit der Anthroposophie.

Hier, da Rudolf Steiner mit der Erzählung des 37. Kapitels seinen Bericht abbrechen muß, ist der Blick noch einmal auf die Bewegung seiner Darstellung in dieser Kapitelfolge zu lenken, mit der er vom 29. Kapitel an bis zu diesem Schluß eine erste Inkarnationsbewegung der Anthroposophie beschreibt, vom Beginn des öffentlichen Wirkens bis zur Wahl der Mitarbeiter aus dem innersten Wesen der Sache.

Er beginnt mit dem «neuen Licht», das in die Erkenntniserrungenschaften einbrechen wollte, und seinen Entschließungen zur Veröffentlichung des in ihm sich aus modernsten Quellen erschließenden Mysterienwissens. Diese geistigen Impressionen, dieses Weisheitsgut impulsiert aus dem Innersten heraus eine anthroposophische Bewegung und formt sich schließlich im Werkaufbau der Anthroposophie und einem ersten Gesellschaftskörper, der zunächst aus der Hülle der Theosophischen Gesellschaft herauswächst. Rudolf Steiners Darstellung umfaßt dabei das Werden der ersten institutionellen Bildungen, von Zeitschrift, Verlag und Gesellschaft, spricht schließlich von dem Reif-Empfinden der Erkenntnis anläßlich des Kosmologie-Zyklus beim Pariser Kongreß 1906 und endet mit der Beschreibung der zentralen Zweigbildungen, des Berliner und des Münchener Pols, der sich herausbildenden anthroposophischen Arbeit, um dann auf den Münchner Kongreß 1907 zu sprechen zu kommen.

An diesem zunächst tiefsten Punkt der ersten Inkarnationsbewegung von Anthroposophie, die sich über eine den Hierarchien folgende Leiter herabbewegt, – deutlich in Weisheit, Bewegung und Form der Anthroposophie – stirbt Rudolf Steiner. Er trägt, wie auch in der vergleichbaren Wendung der «Leitsätze» und «Mitgliederbriefe», die komplementäre Bewegung ins Nachtodliche hinein. Das Sterben Rudolf Steiners vollzieht sich gleichsam in einer ab- und aufsteigenden, die hierarchischen Wesen am Werden der Anthroposophie beteiligenden Geste.

Man muß in diesem Bewusstsein auch seine letzten Hinweise im «Lebensgang» lesen. *«In das Programm des Kongresses wurde eine künstlerische Darbietung eingefügt. Marie von Sivers hatte Schurés Rekonstruktion des Eleusinischen Dramas schon vor langer Zeit übersetzt. Ich richtete es sprachlich für eine Aufführung ein. Dieses Drama fügten wir dem Programm ein. Eine Anknüpfung an das alte Mysterienwesen, wenn auch in noch so schwacher Form, war damit gegeben – aber, was die Hauptsache war, der Kongreß hatte Künstlerisches in sich»* (L, 331). Marie von Sivers war *«in dem Herausarbeiten aus der inneren Kraft des Wortes an dem entscheidenden Punkte angekommen»* (L, 331), von dem aus weitergearbeitet werden konnte.

Es ist bekannt, daß Marie Steiner und Ita Wegman, Rudolf Steiners ärztliche Freundin, die ihn gepflegt hat in der Zeit, während er den Mitgliedern seinen Lebensrückblick, die «Leitsätze» und «Michaelbriefe» gab, sich schon unmittelbar nach Rudolf Steiners Tod in einen kaum zu heilenden Konflikt verstrickt hatten. Allzumenschliche Heilige, vermochten sie zunächst nicht zu halten, was sich als Rätsel von Rudolf Steiners Wesen und Wirken mit ihrem eigenen Lebensmotiv verband. Für Marie Steiner-von Sivers ist es die Orientierung auf die Kraft des inneren Wortes, ein Ausdruck, der mit dem Impuls des Christus verknüpft ist. Für Ita Wegmann ist es die Sendung Michaels, wie sie mit dem Hereinbrechenwollen des neuen Lichtes in die Erkenntniserrungenschaften des Jahrhunderts das neue Christusereignis vorbereiten wollte. Rudolf Steiner suchte diese beiden Seiten in der Neubegründung der Gesellschaft als einer Allgemeinen Anthroposophischen Gesellschaft als ein vergleichsweises Innen und Außen wechselweise zu verbinden. Der Wesenstausch, den er mit seinen engsten Mitarbeitern vollzog, sollte den großen Wesenstausch von Gesellschaft und *«allgeistig verinnerlichtem Menschentum»*, wie er den Menschheitsrepräsentanten nannte, und damit eine neue Menschhheitsgemeinschaft ermöglichen. Zunächst konnte dies nicht bis in die persönlichsten Entschließungen seiner Mitarbeiter vordringen, da auch diese stärksten Menschen nicht so stark waren, die zwischen ihnen lebenden Gegensätze zu überwinden.

Daß diese Schwäche aber mit Selbstverkennungen und einem zentralen Erkenntnisproblem einherging, das das Inkarnationsgeheimnis dieses außerordentlichen Eingeweihten Rudolf Steiner betraf, der das

Erscheinen des Christus im Ätherischen für das Erkennen der Menschheit vorzubereiten hatte, wirkt bis heute erkennbar nach. Dieses Geheimnis zu personalisieren, statt sich für seine Wesensweite zu öffnen, wird kaum noch das Anliegen beider Individualitäten sein. Der Prophetie eines neuen, gemeinsam sich entfaltenden Wirkens für die Anthroposophie sollte man mit einem neuen Lesen von Rudolf Steiners «Lebensgang» entgegengehen. Man kann auf Rudolf Steiners Entschließen zu öffentlichem Wirken für Anthroposophie auf die ersten und auch die folgenden engen Mitarbeiter wie auf Wegspuren hinschauen, die ebenso als Wiederholungen eines christlichen wie eines michaelischen Wirkens gelten können. Geht es doch darum, *«dass in unserem Zeitalter sich aus der Bewußtseinsseele im Lichte von Michaels Wirksamkeit ein neues volles Verständnis des Mysteriums von Golgatha entwickele. Anthroposophie strebt dieses neue Verhältnis an»*. («Gnosis und Anthroposophie». Leitsätze, Jan. 1925, Goetheanum, NB.)

## Zusammenfassung

Mit der vorliegenden Studie wurde der Versuch unternommen, die inneren Motive des Lebens Rudolf Steiners in seiner Biographie «Mein Lebensgang» aufzusuchen. Daß er diese nicht ohne ein Selbstwissen zu schreiben unternahm, spürt der Leser seines Werkes an Art und Inhalt des Mitgeteilten. Wenn auch zunächst verhüllt, ergeben sich Gesichtspunkte für ein Verständnis seiner Individualität und ihres Schicksals dem aufmerksamen Lesen. Ein nachsinnendes, wiederholendes Zurückkehren zur Erzählung seiner Lebensumstände wird den Blick, den wir auf seine Geistgestalt werfen können, unter dem Aspekt von Wiederverkörperung und Schicksal vertiefen. Nicht ohne innere Anteilnahme wird der Leser auf die seinen Entwicklungsphasen verbundenen Menschen hinschauen.

Seine Kindheitsschilderung einleitend, erzählt Rudolf Steiner von der Geburt fern von dem Ort seiner Abstammung. In der Fremde verbringt er seine erste Lebenszeit und ist auch in Pottschach noch ein Fremder im Dorf. So verbindet er sich mit dem allgemein Menschlichen. Die Gegend, in der er aufwächst, eine herrliche Landschaft, stellt sein Erleben in den Gegensatz von Licht und Finsternis. Er muß das Gleichgewicht zwischen der majestätischen, anmutigen und vom Sonnenlicht erfüllten Natur und dem seinen Herzensanteil an ihr verdunkelnden Mechanismus finden. Ein Pfarrer besucht die Familie fast täglich. Sein Auftreten in der Landschaft hüllt die Situation des Heranwachsens in ein Geheimnis. Unter den weiteren Zügen der Erzählung finden sich das schreckliche und erschütternde Erlebnis, das Bild des Mannes, dem ein Ohr abgeschlagen war, sodann die Weinlese, eine Kleinhäuslerhochzeit und des Knaben übersinnliches Erleben des Kultus. Hinter diesen Mitteilungen leuchtet das von Jesus von Nazareth in den Evangelien Erzählte von der Geburt in Bethlehem bis zur Tat des Petrus bei der Gefangennahme, auf. Im Leben Rudolf Steiners tritt dies schicksalhaft auf; dies zeigt das christliche Leitmotiv für seine Kindheit.

Sein Geist entfaltet sich in Schule und Studium nach einem weckenden Erlebnis um das 12. Jahr. Nun bereitet er das Werkzeug seines Denkens, um für die Erfassung der Welträtsel empfänglich zu sein, das die gegebenen Erklärungen der Naturzusammenhänge nicht lösen. Aristotelisch ist dieser Zug seines Wesens, den Wissensinhalten und der Methode ihres Erwerbs die gleiche Sorgfalt angedeihen zu lassen. Vertieft werden seine Anlagen noch durch das Hineinleben in theologische Lehrschriften, in denen ihm schon in der Schulzeit der Gedankenzusammenhang der Scholastik entgegentritt. Während er durch die religiöse Vertiefung erlebt, wie ein solches Denken an die geistige Welt herankommt, geht sein auf die Natur gerichtetes Interesse und überhaupt das für alle Wissensinhalte und -gebiete auf deren einheitliche Durchdringung. Beim Übergang ins Studium macht er die ganze Philosophie seiner Zeit, von Fichte angefangen, zu seinem Erkenntnisobjekt. Er begegnet dann an der Technischen Hochschule in Wien Karl Julius Schröer, einem in platonischer Ideenprägung lebenden Geist, der in tiefer Verehrung Goethes dessen Dichtung, zumal den Faust, zu erschließen versucht. Durch ihn vermittelt, tritt die Aufgabe der Beschäftigung mit Goethes naturwissenschaftlichen Schriften an Rudolf Steiner heran. Schröers Idealismus und inneres Künstlertum, vor allem gegenüber der Sprache, sein im Sprachgenius dem Geist nahekommender Idealismus berührt sich mit Rudolf Steiners objektivem Idealismus, der durch die Ideen hindurch die geistige

Welt erreichen will. Auch eine okkulte Vertiefung seines Bemühens durch uralte Naturgeistigkeit und spirituelles Wissen findet durch einen Menschen, dem er begegnet, Zugang zu seinem selbst in spirituellem Erleben sich erweiternden Geist. Dabei lernt Rudolf Steiner, neben der durch Schröer vertretenen platonischen Geistigkeit, auch eine scholastisch anmutende Strömung in Eugenie delle Grazie und ihrem Umkreis kennen, dessen Pessimismus aber einem regen geistigen Austausch nicht im Wege steht. Daß sich in dieser Jugend- und Studentenzeit sein Bemühen von der Natur zum Ich und vom geistigen Leben bis in die Naturerscheinungen von Licht und Wärme bewegt, verbindet griechische und scholastische Züge seines Wesens. Der Motivbereich der Kindheit tritt in der Charakterisierung der Wesenheit Christi gegenüber Pater Neumann in einer bedeutend veränderten Gestalt auf. Rudolf Steiner spricht jetzt davon, daß *«Jesus von Nazareth durch außerirdischen Einfluß den Christus in sich aufgenommen habe»* (L, 84).

Bedeutsam ist die Zeit um das 30. Lebensjahr, in dem sein erster Lebensabschnitt sich zu erfüllen beginnt. In seinem Suchen nach den Gründen für den Untergang der idealistischen Geistwelt fangen die Keime der «Philosophie der Freiheit» an, sich in Rudolf Steiner zu regen. Diese ist eine vollgültige Darstellung von Anthroposophie in reinem Denken, sie berührt die Geistwelt, spricht aber nicht vom Übergang zur geistigen Erfahrung. Gerade weil Rudolf Steiner seit der Kindheit im Mitvollziehen der geistigen Welt lebte, war es sein Anliegen, vor diesem Hintergrund Gedankenformen und Beobachtungen zu bilden, die mit der naturwissenschaftlichen Methode einen Zugang zum Geistigen schaffen können. Das Gewahrwerden der Idee in der Wirklichkeit wird ihm die wahre Kommunion des Menschen. Sie ist auch das Anliegen, das ihn zu einer Vertiefung in Goethes Naturwissenschaft führt. Dabei ist seine eigene Seelenverfassung, der sich die geistige Welt wie gnadenhaft offenbart, von jener Goethes verschieden, welche Schritt für Schritt das eigene Innere immer mehr erst dem Geist ähnlich macht. Die jahrelange Goethe-Arbeit veranlaßte ihn, ringend in das eigene Innere unterzutauchen, und verhinderte, daß er in die geistige Welt hineingerissen wurde. So tritt er mit der Verbindung dieser beiden Wege als Frucht der Goethe-Studien in jenen Lebensabschnitt, der ein ganz neues Element in die Menschheitsentwicklung bringen soll.

Die persönlichen Umstände dieses Lebensabschnittes, die durch seine Arbeit bedingten und die intimeren, können als Beispiele des Erwachens am anderen Menschen aufgefaßt werden. Um noch Weitergehendes darin zu finden, muß man die Erlebnisse zusammenschauen, welche Rudolf Steiner als ein seit der Kindheit im Erleben der geistigen Welt stehender Mensch auf der Höhe dieses Sich-Offenbarens mit Hinblick auf die mystische Orientierung der Menschenseele erlebt, mit dem, was er von dem mitternächtlichen Erlebnis einer Reise nach Siebenbürgen über ein dämonisches Sich-Entladen von Emotionen in den Völkern erzählt. – Sein geistig-seelischer Austausch mit der mütterlichen Freundin, welche die Erziehung ihres entwicklungsbehinderten Knaben in seine Hände gelegt hatte, gehört auch noch in diesen Zusammenhang. Man begegnet der Parallele dieser Schilderung Rudolf Steines zu der Entwicklung des Jesus im 5. Evangelium. Akzentuiert werden alle diese Schilderungen von Rudolf Steiners Feststellung, daß die Menschheit zu ihrem weiteren Fortschreiten eines ganz neuen Einschlages von der geistigen Seite her bedürfe. Daß er in dieser Stimmung Nietzsches Schriften kennenlernt, kündigt die bevorstehende Vertiefung an. Im Hinblick auf das Christus-Motiv ist Rudolf Steiners Auffassungsunterschied zu der seines Doktorvaters Heinrich von Stein aufschlußreich. Die Ansicht, daß die Offenbarung dem Weltanschauungsstreben von außen seinen Inhalt gegeben habe, konnte Rudolf Steiner nicht teilen, weil er das Offenbarungsgeschehen in der Verständigung des menschlichen geistlebendigen Bewußtseins mit sich selbst erlebt.

Der vierte Erzählabschnitt reicht von dem Abschluß der «Philosophie der Freiheit» über den Seelenumschwung bis zu den Prüfungen Rudolf Steiners. Die Bedeutung dieser «Philosophie der Freiheit» ermißt man, wenn man in ihr die Summe des bisherigen Bemühens um eine moderne Erkenntnis- und Freiheitsauffassung sieht, durch welche ein Untertauchen des Menschen in die geistige Wirklichkeit geschehen kann. Mehrfach verwendet Rudolf Steiner hier den Begriff des Untertauchens in die Welterscheinungen, in dem das Geschehnis der Jordan-Taufe in moderner Form anklingt. Der Weg Rudolf Steiners bis zum Abschluß der «Philosophie der Freiheit» in seinem 33. Jahr ist demjenigen des Jesus von Nazareth zu vergleichen, der in seinem 30. Jahr zur Taufe im Jordan schreitet. «Die Philosophie der Freiheit» ist dadurch die Grundlage der Anthroposophie, die sich dann als Wissenschaft des Übersinnlichen in der zweiten Lebenshälfte entfaltet. Sie ist eine Metamorphose des Christentums als *«allgeistiges, verinnerlichtes Menschentum»*.

Bevor Rudolf Steiner den Seelenumschwung beschreibt, den er im 35. Lebensjahr erfährt, erzählt er zum zweiten Mal die Geschichte eines unbekannten Bekannten, eines Menschen, den er in physischer Gegenwart nicht erlebt, dem er aber vollbewusst im Bereich der Verstorbenen begegnet. Diese unbekannten Bekannten sind in der Lage, ihre am Materiellen gebildeten Gedanken zu vergeistigen, weil sie nicht durch die materialistischen Willenswerte, sondern mit den entsprechenden Erkenntniswerten allerdings ein Einsiedlerdasein geführt haben. Die Bewußtseinsart des materialistischen Zeitalters ist also durchaus in der Lage, den Menschen zum Geistigen zu führen. – Durch den Seelenumschwung erwacht in Rudolf Steiner eine vorher nicht vorhandene Aufmerksamkeit für das sinnlich Wahrnehmbare. Ein Beobachten der physischen Welt in dieser Entwicklungsepoche seines Wesens bedeutete, ganz aus sich herauszugehen, um andererseits mit einem gesteigerten geistigen Beobachtungsvermögen in die geistige Welt hineinzukommen. Die Erlebnisse des Untertauchens mit dem Denken, der Begegnung mit Toten, die ihm im Leben nicht sinnlich begegneten, und das aus sich Herausgehen im Wahrnehmen und tiefer in das geistige Erleben Hineinkommen gehören zusammen. Sie bereiten die Prüfungserlebnisse vor, in denen Rudolf Steiner seine Anschauung der gewordenen Gestalt des Christentums an der geistig tatsächlichen überprüfen, sein Verhältnis zur naturwissenschaftlichen Bewußtseinsart seines Erkenntnisweges gegen ahrimanischen Einfluß sichern und seinen ethischen Individualismus vor der Veräußerlichung, dem Sturz in einen Abgrund, bewahren muß. Diese Prüfungen entsprechen in gewisser Weise den in den Evangelien erzählten. Das innerste Ereignis dieser Zeit ist wohl Rudolf Steiners *«geistiges Gestanden-Haben vor dem Mysterium von Golgatha in innerster ernstester Erkenntnis-Feier»* (L, 257).

Mit dem Bestehen der Prüfungen und diesem «Gestandenhaben vor dem Mysterium von Golgatha» sind Grundlagen des nun beginnenden öffentlichen Wirkens für Anthroposophie benannt. Dieses findet seine Rechtfertigung in der Hilfe, die Rudolf Steiner den modernen Menschen geben will, welche das «neue Licht», das seit dem letzten Drittel des 19. Jahrhunderts in die Erkenntniserrungenschaften einbrechen will, nicht erfassen. Der geistigen Verfinsterung beginnt er zunächst durch Veröffentlichungen und Vorträge entgegenzuwirken. Als seine erste Mitarbeiterin, Marie von Sivers, zu ihm stößt, beginnt er auf ihre Frage hin eine geistige Bewegung in Europa zu entfalten, Anthroposophie zunächst in der Hülle der theosophischen Strömung zu entwickeln. Vorausgehen mußten hier die Entschlüsse, die mit einer solchen Veröffentlichung des zuvor in engen Kreisen verborgen gepflegten Geheimwissens einhergehen. Welche Wirkenskraft und geistig tragende Ausstrahlung von Rudolf Steiner und den ersten aus dem Innersten wirkenden Vertreterinnen und Vertretern der Anthroposophie ausging, ermißt man an dem langen Fortwirken dieser Impulse.

Rudolf Steiners Lebensbericht bricht dort ab, wo er von der sich entfaltenden Bewegung und Gesellschaft zu sprechen beginnt, an der Stelle des Münchner Theosophischen Kongresses. Gegenüber Ita Wegman hat Rudolf Steiner briefliche Mitteilungen über sein eigenes, mit ihrem Schicksal verbundenes Empfinden anläßlich dieses Münchener Kongresses mitgeteilt. Im Zusammenhang mit seinen Ausführungen in einem der Londoner Karma-Vorträge über die Geister der Scholastik (London, 27. August 1924) ergeben sich daraus Verständnisschwierigkeiten, wenn man diese Tatsachen nicht mit den zugleich entfalteten seines «Lebensganges» und dessen kompositorischer Aussage zusammenhält. Diese betreffen die durch Aristoteles und Thomas von Aquin auf der einen Seite und die durch Zarathustra und den salomonischen Jesus repräsentierte Individualität auf der anderen Seite. Unzweifelhaft geht aber aus dem Inhalt des «Lebensganges» die Verbindung beider Individualitätslinien in seiner Wesenheit hervor, die auch im Bewußtsein früher Gesellschaftmitglieder lebt.

Man muß die abschließende Schilderung von «Mein Lebensgang», das Bringen der Anthroposophie aus den höchsten Regionen des Geistigen auf die Erde, als die eine Seite des Sterbens Rudolf Steiners ins Auge fassen. Sein nachtodlicher Weg ist jener auch des Hinauftragens dieser Impulse mit seiner ganzen Wesenheit.

Wenn diese Beschreibung des «Lebensganges» auch Rudolf Steiners späteres Wirken (seine engsten Schüler, die Arbeit am Menschheitsrepräsentanten, den Bau des ersten Goetheanums, die Krise der Gesellschaft, den Brandverlust und die neue Begründung einer Allgemeinen Anthroposophischen Gesellschaft und Freien Hochschule) nicht mehr erreicht, kann man aus dem Gegebenen doch die tieferen Bezüge seines späteren Wirkens erahnen, die sich in den Erlebnissen seiner Kindheit spiegeln. Es hängt damit ebenso die von ihm verkündete Erscheinung des Christus im Ätherischen wie auch die sich entfaltende Wirksamkeit des Michaelimpulses zusammen. Jener durch die Veröffentlichung aus dem Freundeskreis Ita Wegmans betonten Inkarnationsreihe, die mit den Wesenszügen der Wirksamkeit für den Michaelimpuls zusammenhängt, darf, als eine verborgenere, die mit der Zarathustra-Wesenheit und der des Jesus von Nazareth zusammenhängende Inkarnationenfolge verbunden werden. Daß dies nicht ein zweites Erscheinen des Christus in einem irdischen Leibe meint, wie es die Theosophische Gesellschaft an einem indischen Knaben propagieren wollte, ist selbstverständlich. Wohl aber ist damit gemeint, daß in der Wesenheit Rudolf Steiners ein Wiederverkörperungsgeschehen sich geltend macht, das Elemente der zarathustrischen Jesus-Wesenheit mit denen in die Michaelimpulse verflochtenen des Aristoteles verbindet.

Carl Ungers Hinweis auf ein Verständnis dieses Lebensganges, «daß man in ihm keine typische Wiederholung alten kosmischen Geschehens finde, sondern das aus Menschentum erkämpfte Vorbild eines zukünftigen Menschheitsganges» kann man in jener Hinsicht zustimmen, daß in ihm die Werdestufen eines menschlichen Entwicklungsweges gezeichnet sind, in denen sich die Entwicklung des Christus-Jesus wiederholt, um ein neues Erscheinen des Christusimpulses in jener Sphäre vorzubereiten, aus der Gemeinschaften wie strebende Einzelne ihre geistige Lebenskraft empfangen.

## ANMERKUNGEN


1 Steiner, R.: Mein Lebensgang. Hrsg. Marie Steiner. Philosophisch-Anthroposophischer Verlag, Dornach 1949 (zit. L)

2 Unger, C.: zitiert aus Steiner, R., «Mein Lebensgang». Für den letzten Satz «nicht mythisch kann dieser Lebensgang aufgefasst werden, sondern apokalyptisch», vgl. die folgenden Kapitel

3 Die Wochenschrift «Das Goetheanum», 1925, S. 113

4 Steiner, R. (1910/1913): Vier Mysteriendramen. Geisteswissenschaftliche Werkausgabe Rudolf Steiner, Dornach 2002

5 Aus einem Brief Rudolf Steiners an einen Jugendfreund vom 16. August 1881. (Walter Beck: Rudolf Steiner – Das Jahr der Entscheidung. Dornach 1984, S. 20/21)

6 Steiner, R. (1886): Grundlinien einer Erkenntnistheorie der Goetheschen Weltanschauung mit besonderer Rücksicht auf Schiller. Dornach 1925

7 Steiner, R. (1894): Die Philosophie der Freiheit. Berlin 1918

8 Steiner, R. (1910/13): Vier Mysteriendramen. Geisteswissenschaftliche Werkausgabe, Dornach 2002

9 Hamerling, Robert: Werke II. Hamburg, ohne Jahresangabe, S. 199

10 Novalis Schriften, Hrsg. Paul Kluckhohn, Richard Samuel, Darmstadt, 1983, III. 383

11 Steiner, R.: Geschichtliche Symptomatologie. Dornach, 1942

12 Steiner, R.: Brief vom 19. August 1881. In: Walter Beck: Das Jahr der Entscheidung, Dornach, 1984

13 Steiner, R.: Aus der Akasha Forschung. Das Fünfte Evangelium. Kristiania, 1.–6. Okt. 1913. Hrsg. Marie Steiner im Selbstverlag, 1948

14 Aspekte der Vertiefung dieses Zusammenhanges verdanke ich einem Vortrag von Prof. Dr. med. Peter F. Matthiessen. Zur Salutogenese – Die Verwirklichung des Menschen in Gesundheit und Krankheit. Krefeld, 16. Jan. 2004

15 R. Steiner/ Marie Steiner: Treue, Wahrheitssinn, Richtungssicherheit – Der tatkräftigen Förderin des Baugedankens Sophie Stinde» Dornach 1945, S. 9.

*Zur Person des Autors:*

Klaus Hartmann, geb. 1954 in Koblenz-Ehrenbreitstein, wuchs in einem ärztlichen Elternhaus auf. Er studierte Philosophie, Geschichte und Germanistik und promovierte 1985 über «Die freiheitliche Sprachauffassung des Novalis». Der unter seiner Mitwirkung gegründete Novalis-Hochschulverein wurde durch das wissenschaftliche Werk und das tatkräftige Mitwirken von Herbert Witzenmann unterstützt. Seit dessen Tod im Jahr 1988 wirkt der Verfasser innerhalb der Herbert Witzenmann Stiftung in Pforzheim für die Förderung und Verbreitung seiner Schriften. Er arbeitet in Kamp-Lintfort am Novalis Hochschulverein innerhalb eines Studienjahres zur «Philosophie der Freiheit» Rudolf Steiners und am Aufbau eines geisteswissenschaftlichen Aufbaustudiums. Darüber hinaus ist er mit der Arbeit des Herbert Witzenmann Zentrums in Dornach seit dessen Gründung verbunden. Frühere Veröffentlichungen: Eros und Fabel. Das Märchen von Novalis (1995); Europas kulturelle Identität – Ein Ausblick zum Goethejahr 1999 (Zeitschrift Beiträge zur Weltlage, Nr. 133; Jahrgang 2000/2)